Kerstin Werner

Mach dein
LEBEN
BUNT

50 Geschichten, die das Herz
erwärmen und die Augen öffnen

Die Geschichten aus diesem Buch wurden erstmalig in den
folgenden Büchern von Kerstin Werner veröffentlicht:
Gefühle zeigen erlaubt, Vertrauen ist der Schlüssel,
Dein Herz darf leuchten und *Echt sein ist in.*

Sollte diese Publikation Links auf Webseiten Dritter enthalten,
so übernehmen wir für deren Inhalte keine Haftung,
da wir uns diese nicht zu eigen machen, sondern lediglich auf deren Stand
zum Zeitpunkt der Erstveröffentlichung verweisen.

Verlagsgruppe Random House FSC® N001967

Integral Verlag
Integral ist ein Verlag der Verlagsgruppe Random House GmbH.

ISBN 978-3-7787-9274-2

Vierte Auflage 2017
Copyright © 2016 by Integral Verlag, München,
in der Verlagsgruppe Random House GmbH,
Neumarkter Straße 28, 81673 München
Alle Rechte sind vorbehalten. Printed in Germany.
Redaktion: Dr. Diane Zilliges
Einbandgestaltung: Guter Punkt, München
Covermotiv und Illustrationen: © Ulrike Hirsch
Satz: Satzwerk Huber, Germering
Druck und Bindung: Friedrich Pustet, Regensburg

www.integral-verlag.de
www.facebook.com/Integral.Lotos.Ansata

Inhaltsverzeichnis

Vorwort

Welche Farben des Lebens sind dir bekannt und welche davon lebst du?

Die Frage klingt vielleicht seltsam, aber ich stelle sie so, weil ich davon überzeugt bin, dass kaum einer von uns wirklich alle Farben kennt. Die dunklen Farbtöne lehnen wir gern ab, weil sie Gefühle hervorbringen, die niemand haben will. Deshalb leben viele irgendwo zwischen Schwarz und Weiß, in einem monotonen Grauton. Weil sie Angst haben. Angst vor Neuland, Angst vor der Befreiung, Angst vor dem Strahlen. Ängste zu durchbrechen bedeutet Hingabe. Gefühle aushalten und durch den Schmerz gehen.

Ein buntes Leben – das klingt toll. Aber um es wirklich leben zu können, brauchen wir die Bereitschaft, uns einzulassen. Auf das, was das Leben für uns bereithält. Auf die Herausforderungen und auch die Menschen, die uns als Spiegel begegnen. Das erfordert Mut.

Wusstest du, dass es nicht einfach nur Rot gibt? Es gibt auch Ahornrot, Backsteinrot, Blutrot, Bordeauxrot, Brombeerrot, Camparirot, Eichlrot, Erdbeerrot, Flammenrot, Fuchsrot, Granatrot, Hahnenkammrot, Korallenrot, Papageienrot, Tintenrot und viele mehr. Ich bin mir sicher, von einigen Rottönen wusstest du nicht, dass sie überhaupt existieren. Ging mir genauso.

So ist es auch in unserem Leben. Wir leben es oft jenseits von bunt. In den Grautönen kennen wir uns gut aus. Ja, da fühlen wir uns sicher. Sicherheit bedeutet aber auch, dass nicht viel passiert. Das Leben plätschert so vor sich hin, wir kennen die Tagesabläufe – und es ist langweilig. Wir regen uns Tag für Tag über die gleichen Menschen auf, geben die Verantwortung für unsere Gefühle ab und glauben, dass das Leben es nicht gut mit uns meint.

Schluss damit!

Wir sind Schöpfer unseres Lebens. Wir treffen, wenn auch unbewusst, täglich Entscheidungen, mit denen wir die Richtung bestimmen. Wir sind verantwortlich dafür, wie wir mit dem, was das Leben für uns bereithält, umgehen. Und erst, wenn wir das wirklich so verinnerlichen, können wir in die Kraft wechseln, die sich durch das Ja zum Leben zeigt.

Dieses Buch wird dich aus deinem Schneckenhaus hervorholen. Du wirst Farbnuancen entdecken, von denen du zuvor nicht wusstest, dass sie überhaupt existieren. Du wirst dir selbst begegnen, was nicht immer schön ist. Aber du wirst den Mut entwickeln, deiner inneren Stimme zu folgen. Du wirst auf den Ruf deines Herzens hören. Du wirst wieder lebendig.

Die Geschichten, die du in diesem Buch findest, sind auf meinem Weg der letzten Jahre entstanden. Ich konnte durch das Schreiben immer mehr Farbtöne in mein Leben lassen, weil ich bereit war, sie zu leben. Ich begegnete der Ablehnung und dem Widerstand. Auch die dunklen Farbnuancen lernte ich zuzulassen. Ein tiefdunkles Braun gehört für mich heute genauso dazu wie ein sonnenklares Gelb.

Ich empfehle dir, beim Lesen zwischen den Geschichten Pausen zu lassen, damit sie wirken können. Denn das tun sie. Intuitiv wirst du dir diese Zeit ohnehin geben.

Nun wünsche ich dir, dass das Lesen für dich zu einer wunderbaren Entdeckungsreise wird. Sag Ja zu dem, was sich zeigt. Heiße deine Gefühle willkommen. Sie sehnen sich danach, aus dem Eisschrank befreit zu werden. Sei sanftmütig, liebevoll und achtsam mit dir selbst.

Du bist ein wunderbarer Mensch.
Öffne dich für diese Wahrheit.

Herzoffene Grüße
Kerstin

Was ist Liebe?

»Was ist Liebe?«, fragte der vierjährige Kevin seinen Vater.

»Ach, mein Sohn, seitdem deine Mama und ich uns getrennt haben, kann ich dir auf deine Frage keine Antwort mehr geben. Ich dachte, das sei Liebe, aber da habe ich mich wohl getäuscht.«

Diese Antwort reichte ihm nicht und so fragte er auch seine Mutter. Aber sie warf ihm bloß ein schnippisches »Frag deinen Vater« hin.

Als Kevin in den Kindergarten kam, fragte er seine freundliche Kindergärtnerin, ob sie wisse, was Liebe sei. Sie kam aus Russland und sprach noch kein besonders gutes Deutsch.

»Kevin, kannst du Frage noch mal wiederholen, bitte?«

Er tat es.

»Weißt du, Kevin, Liebe ist wie Geschenk«, begann sie nachdenklich, »aber wenn du wartest, bis du groß bist, dann wirst du automatisch irgendwann erfahren es.«

»Kann man Liebe auch kaufen?«

Er sah, dass die Kindergärtnerin Tränen in den Augen hatte.

»Ja, manche denken auch, dass sie ist käuflich«, sagte sie leise.

Egal wen Kevin auch fragte, er bekam keine zufriedenstellende Antwort. Verdammt! Irgendjemand musste doch wissen, was Liebe ist.

Die Schulzeit begann. Er war wirklich ein braver Schüler. Nachmittags machte er seine Hausaufgaben zusammen mit Hanna, seiner Tagesmutter, denn Papa musste ja arbeiten.

Als er sie eines Tages fragte, ob sie wisse, was Liebe sei, sagte sie: »Ja, ich weiß, was Liebe ist.«

Kevin wurde hellhörig.

»Liebe kannst du nur bekommen, wenn du auch Liebe gibst.«

»Heißt das, um Liebe zu erfahren, brauche ich immer jemand anderen?«, fragte Kevin irritiert.

»Ja, so ist das leider.«

»Wie fühlt sich das denn an?«

»Wenn du Liebe bekommst, ist das toll. Dein Herz wird dann ganz rot und warm.«

»Und was passiert, wenn ich allein bin?«

»Na, dann wird das Herz farblos und kalt.«

Und da beschloss Kevin, sich auf die Suche zu machen. Er wollte die Liebe finden. Damit auch sein Herz so schön rot und warm sein konnte.

Als er in die Pubertät kam, plagte ihn die Akne. Immer wenn er in den Spiegel schaute, erfasste ihn Kummer. ›So wird dich nie jemand lieben‹, grübelte er. Sogar sein Papa sagte, dass die Pickel schrecklich aussehen. Und so blieb Kevin lange Zeit ohne Liebe.

Nach seiner Lehre als Schreiner, in der auch die Pickel endlich verschwanden, arbeitete er als Geselle. Er zog von zu Hause aus, um seine eigenen Erfahrungen zu sammeln. Wie es war, eine Wohnung zu haben und auf eigenen Beinen zu stehen. Außerdem besuchte er Seminare zur Persönlichkeitsentwicklung und entfaltete sich immer mehr.

Innerlich und äußerlich gereift lernte Kevin mit sechsunddreißig Maike kennen. Sie hatte eine Werbung der Schreinerei gelesen, in der Kevin tätig war, und beschloss dort anzurufen, weil sie sich einen extravaganten braunen Holztisch für das Wohnzimmer schreinern lassen wollte.

Maike war eine bildhübsche junge Frau. Und sie war ganz anders als andere Dreißigjährige. Sie plapperte nicht dümmlich drauflos, sondern dachte vorher darüber nach, was sie sagen wollte. Weder interessierte sie der Konsumrausch, der andere Frauen ihres Alters ergriff, noch das exzessive Partymachen bis in die Morgenstunden, nach dem Motto: Wer ist die Schönste im ganzen Land? Maike war selbstbewusst genug, sie brauchte derartige Bestätigungen überhaupt nicht.

Kevin durfte für sie den Holztisch anfertigen. Von Anfang an war eine besondere Chemie zwischen den beiden. Sie trafen sich öfter. Erst beruflich, dann aber auch privat. Allmählich fing es an, zwischen ihnen zu knistern. Die Treffen wurden länger, vertrauter, und die Nähe wuchs. Kevin hüpfte jedes Mal das Herz, wenn sie sich trafen. Bald merkte er, dass er sich in Maike verliebt hatte.

Eines Abends saßen sie auf der Veranda. Kevin hielt zärtlich Maikes Hand.

»Darf ich dich mal etwas fragen, Maike?«

»Aber klar doch«, entgegnete sie und küsste ihn sanft auf den Mund.

»Bisher konnte mir das niemand richtig beantworten, aber ich glaube, bei dir ist die Frage in guten Händen.«

Er macht eine kleine Pause, atmete tief durch. Dann fragte er: »Weißt du, was Liebe ist?«

Maike strahlte ihn verliebt an.

»Warte mal, ich werde dir etwas holen gehen.«

Sie stand auf, verschwand für kurze Zeit im Haus und kam mit einer braunen Holzkiste wieder. Es war eine Art Schatztruhe. Sie musste erst einmal den Staub abwischen und gab sie dann Kevin, der die Kiste auf seinen Schoß stellte.

»Diese Kiste hat mir mein Opa geschenkt, als ich sechs Jahre alt war. Er sagte mir, dass sich darin ein Schatz befinden würde. Und zwar der Schatz der Liebe.«

Kevin wurde nervös. Schließlich ahnte er, dass er nun die Antwort bekommen würde, nach der er seit Jahren suchte. Er durfte die Kiste jetzt öffnen. Sie knirschte in den alten Scharnieren. Es kam zuerst nur silbernes Papier zum Vorschein. Behutsam legte er es beiseite und kramte tiefer. Er wühlte sich durch die Styroporteilchen, die ihn etwas Zerbrechliches erahnen ließen. Dann stieß er auf eine ovale Platte. Als er sie herausnahm, sah er, dass es sich um einen Spiegel handelte, sorgsam in Stein gefasst. Kevin blickte hinein und sah sein Gesicht.

»Mein Opa sagte mir damals: Kind, du trägst die Liebe in dir«, erzählte Maike, während sie Kevin betrachtete, »dein Herz strahlt in den schönsten Farben und du darfst dich selbst lieben – genauso wie du bist, denn du bist etwas Besonderes. Und du wirst sehen, wenn du dich selbst liebst, dann lieben dich auch die anderen. Jeder, der sich selbst liebt, strahlt. Du wirst zu einem Menschenmagneten, weil du dadurch deinen Mitmenschen mit Liebe begegnest, denn die Liebe ist in dir. Denk immer daran, mein Kind.«

Maike verstummte und lehnte den Kopf an Kevins Schulter. Nun sah er neben seinem Gesicht auch ihres im Spiegel. Er lächelte.

Tapetenwechsel

»Wollen wir nicht einfach mal wegfahren?«, fragte Pia ihre Freundin Helga, denn sie brauchte dringend einen Tapetenwechsel. Sie klagte über alles Mögliche: Ihr Chef fauchte sie ständig an, als alleinerziehende Mutter nervten sie die Kinder oft, weil sie einfach nicht auf das hörten, was Pia ihnen sagte, und ihr Freund verhielt sich auch plötzlich sehr seltsam ihr gegenüber. Zeitweise konnte man fast denken, dass sie in einer Depression hing, so schlecht ging es ihr.

»Wieso willst du denn wegfahren?«, fragte Helga ihre Freundin.

»Na, um alles eine Weile hinter mir zu lassen und durchzuatmen«, antwortete Pia.

Helga schaute sie mit ernstem Gesichtsausdruck an: »Glaubst du wirklich, du findest Antworten, wenn du in die Ferne schweifst?«

Pia kannte die Antwort schon. Sie wusste aus vergangenen Phasen ihres Lebens, dass sie ein Abschweifen in die Ferne nur noch weiter von ihren inneren Antworten entfernte. Sie hatte kürzlich in einem Buch gelesen: »Wenn du immer wieder dasselbe tust und es dir nicht weiterhilft, mach einfach etwas anderes.« Also traf sie kurzerhand eine Entscheidung. Sie meldete sich bei einem Yogakurs an und vereinbarte regelmäßige Termine bei einem Gesundheitscoach. Außerdem setzte sie sich in ihren freien Zeiten weniger vor den Fernseher, sondern spazierte in die Natur hinaus, um Kraft zu tanken.

Drei Monate später trafen die beiden Freundinnen sich wieder. Pia war wie ausgewechselt und sprühte geradezu vor Lebensfreude.

Helga meinte: »Wie ich sehe, hast du deine Tapete gewechselt. Ohne in die Ferne zu schweifen, sondern mit einem fragenden Blick in dein Innerstes, welches Farbmuster deiner Seele guttut.«

Wie du zum Sieger wirst

Es war im letzten Sommer. Die kleine Pauline hatte gerade Fahrradfahren gelernt und war total happy. Ich konnte beobachten, wie sie auf dem Hof vor dem Haus mit Kreide eine Linie malte.

Sie stellte sich mit ihrem Rad dahinter und sagte: »Auf die Plätze, fertig, los!« Dann fuhr sie eine Runde, bis sie wieder zur Linie gelangte. Danach gleich noch einmal.

Das ging ungefähr eine Stunde so. Immer wieder gab sie einen Startschuss. Nur für wen? Ich musste schmunzeln, weil es einfach witzig aussah. Sie tat so, als wenn sie gegen jemanden Wettrennen führe, allerdings war keiner da.

Als sie später schwitzend abstieg, kam sie zu mir auf die Terrasse, um etwas zu trinken.

Ich fragte sie: »Sag mal, Pauline, gegen wen fährst du eigentlich die ganze Zeit Wettrennen?«

»Ich fahre nur für mich. Dann gewinne ich immer. Das find ich toll.«

Alles darf sein

»Ich habe Angst, dass ich ins Leid zurückfalle. Was kann ich nur tun?«, fragte Susanne ihre beste Freundin Karla, die schon oft für sie da war, wenn sie ihre Hilfe brauchte.

»Wie meinst du das?«, wollte Karla wissen.

»Ich bin ständig schlecht gelaunt und genervt. Ich bin dann auch meinen Kindern gegenüber blöd, mir selbst gegenüber sowieso und ich merke richtig, dass ich die Liebe meines Mannes dann besonders brauche. Aber der ist dann so genervt von mir, dass er mir die kalte Schulter zeigt. Daran gehe ich kaputt. Es ist wie ein Kreislauf, aus dem ich nicht rauskomme. Dabei weiß ich, dass mein Mann nicht für meine üble Situation verantwortlich ist.«

Karla überlegte kurz und sagte dann: »Weißt du, Susanne, ich habe auch lange Jahre damit zugebracht, aus dem Leid rauskommen zu wollen, indem ich es von mir ferngehalten habe. Bis ich irgendwann für mich begriff: Es geht nicht darum, es fernhalten zu wollen, sondern sich auf den damit verbundenen Schmerz einzulassen.«

»Das verstehe ich nicht. Ich soll mich aufs Leid einlassen? Aber dann suhle ich mich doch im Leid. Dabei will ich es ja nicht.«

»Ja, das glauben viele. Aber schau mal, worauf du dich jetzt die ganze Zeit fokussierst. Du willst das Leid weghaben. Dein Fokus liegt also auf dem Leid. Und so wirst du es immer mehr anziehen. Es ist das Gesetz der Resonanz. Energie folgt der Aufmerksamkeit. Dabei willst du letzten

Endes doch wie alle anderen Menschen lediglich glücklich sein, oder?«

»Ja, genau. Ich will glücklich sein. Aber ich will dabei nicht leiden.«

Karla lachte, wurde aber wieder ernst, als sie merkte, dass Susanne nicht verstand, was sie sagen wollte.

»Als ich rausfand, dass es ums Einlassen ging, habe ich auch gelitten. Weil ich dem Schmerz, den ich schon so lange verdrängt hatte, endlich mal seinen Raum gab. Ich habe zwei Tage lang geweint und gedacht, es können nicht so viele Tränen aus einem rauskommen. Aber ich habe mir gesagt, dass nun alles sein darf. Ich habe mich darauf eingelassen. Auf das Leben. Und Leben bedeutet, das zu leben, was da ist. Und nicht, das Leben fernhalten zu wollen. Verstehst du?«

»Aber ich weiß nicht, wie ich das machen soll. Ich glaube, allein schaffe ich das nicht.«

»Allein schaffst du das nicht? Welche Stimme hat denn da gerade das Zepter übernommen? Das ist doch irgendeine auferlegte Stimme von früher. Die ängstliche, kleine Susanne, die angeblich so viel nicht geschafft hat, spricht doch da, oder?«

»Ja, das stimmt. Diese Stimme ist oft sehr präsent. Ich habe häufig das Gefühl, etwas nicht zu schaffen.«

»Das sind äußere Stimmen, die du irgendwann zu inneren gemacht hast. Deshalb glaubst du manchmal, es wären deine. Und deine Herzensstimme – was sagt die?«

»Die sagt: Vertraue!«, kam es spontan aus Susannes Mund.

»Okay, gesetzt den Fall, du vertraust dir tatsächlich und erlaubst dir, dass deine Gefühle sein dürfen. Was denkst du, könnte dann passieren?«

»Wie geht das? Ich tue mich schwer, einfach so zu vertrauen. Wie kann ich mir das erlauben?«, fragte Susanne hilflos.

»Sage dir einfach: Alles darf sein. Du wirst sehen, wenn du das immer wieder leise für dich sagst, dass sich etwas in dir bewegt. Weil du nichts mehr wegschiebst, was sowieso da ist. Da gehört manchmal ein wenig Mut dazu, das stimmt. Manche Gefühle tun mehr weh, andere weniger. Und vor denen, die mehr wehtun, haben wir besonders viel Angst. Diese Gefühle sind auch nicht schön, weil sie schmerzen. Deshalb wehren wir uns dagegen. Aber meine Erfahrung zeigte mir bislang: Wenn wir tatsächlich darauf vertrauen, werden die Schmerzen, die wir empfinden, deutlich weniger oder gehen sogar ganz. Weil wir uns erlauben, dass alle Gefühle sein dürfen. Die Gefühle, die wir ewig in der Dunkelheit eingesperrt hatten, kommen durch unsere Erlaubnis ans Licht. Und genau dadurch fühlen sie sich endlich frei. Halte nicht am Leid fest, Susanne, indem du es nicht fühlen willst. Sondern erlaube dir, das zu leben, was da ist. Solange das Leid für dich etwas Schlimmes ist, wirst du es fernhalten wollen. Was wäre jedoch, wenn deine Angst vor dem Leid der Weg ist – in dein inneres Glück? Es hört sich vielleicht paradox an, aber wirkliche Selbstliebe beginnt da, wo du das annimmst, was du lange Zeit weghaben wolltest. Und genau in dem Moment wirst du loslassen können. Und genau darum geht es. Dass du loslassen kannst, was dich jetzt noch im Leid gefangen hält.«

Die Worte von Karla wirkten lange nach, und je öfter Susanne sich sagte: »Alles darf sein«, desto näher kam sie sich selbst. Sie ließ alte Muster hinter sich, indem sie Gefühle durchlebte, die sie lange Zeit weghaben wollte. Und eines konnte man im Laufe der Zeit in ihrem Gesicht ablesen: die wachsende Freude.

Von Monat zu Monat sah man mehr Klarheit in ihren Augen. Sie akzeptierte, was ist, und wollte nicht mehr jemand sein, der sie nicht war. Sie nahm sich in ihrer Vollkommenheit an, und dadurch veränderte sich ihr Leben in allen Bereichen positiv. »Alles darf sein« wurde ein Mantra in ihrem Leben, das sie ständig vor sich hersagte und das ihr half, viel Leid hinter sich zu lassen, indem sie sich auf das Leben einließ. Mit allem, was es zu bieten hatte.

Das Pferderennen

Vom ersten Tag an liebte Lisa ihr weißes Pferd. Sie liebte es, auf ihm zu reiten, und umsorgte es zärtlich.

Sie gab ihm gute Nahrung und egal, welchen Platz ihr Pferd beim Rennen machte, sie stand hinter ihm und sagte ihm immer wieder: »Egal, welche Leistung du erbringst, ich liebe dich und werde dich immer lieben.«

Rainer hatte sich ein schwarzes Pferd gekauft, um mit ihm Siege zu erringen. Er gab seinem Pferd die teuerste Nahrung und feuerte es beim Training an: »Komm, Blacky, du schaffst das. Schneller, schneller, auf, mein Junge. Du wirst das beste Pferd überhaupt. Wir werden gemeinsam jeden Preis holen.«

Beim nächsten Rennen in der Stadt gingen beide Pferde an den Start. Rainer war stolz wie Oskar, denn wie so oft gewann sein Pferd. Nach der Siegerehrung ging er mit ihm zum Stall.

»Und morgen trainieren wir gleich weiter, damit du beim nächsten Rennen noch besser bist. Gemeinsam schaffen wir das. Du bist eines der schnellsten Pferde, die ich kenne«, motivierte er den Rappen und zog triumphierend nach Hause.

Lisas Pferd belegte nur den vierten Platz. Als sie es zur Box begleitete, sagte sie mit sanfter Stimme: »Du weißt, ich liebe dich, gleichgültig, ob du gewinnst oder nicht. Es ist einfach wundervoll, dass es dich gibt. Ich liebe es, auf dir zu reiten. Wir werden zusammen alt.«

Sie gab ihrem Pferd einen Kuss auf die samtweichen Nüstern und verabschiedete sich. Zufrieden und mit erfülltem Herzen ging sie heim. Glücklich, dass sie so ein Pferd ihr eigen nennen durfte.

Am nächsten Morgen war Aufruhr bei den Ställen. Als Lisa näher kam, wunderte sie sich über die vielen Leute, die mit betrübter Miene herumstanden. Reporter hielten Kameras auf Rainer und streckten ihm ihre Mikrofone entgegen.

Er sagte mit bebender Stimme: »Mein Pferd ist heute Nacht plötzlich gestorben. Und das nach so einem hochklassigen Rennen.«

Als die Kameras aus waren, drängte sich Lisa zu Rainer durch und fragte: »Weiß man denn, woran Blacky gestorben ist?«

»Nein«, erwiderte Rainer, »ich verstehe es nicht. Eigentlich hatte mein Pferd ja alles, was es zu einem glücklichen Leben braucht.«

Warum immer ich?

Mechthild wurde nun schon zum fünften Mal von einem Mann betrogen. Sie hatte die Schnauze gestrichen voll. Als sie bei ihrer Freundin Veronika war, heulte sie rum: »Warum immer ich? Können die Kerle sich nicht mal jemand anderen aussuchen zum Verarschen?«

Veronika meinte daraufhin: »Du mit deinen Warum-Fragen. Die bringen dich nicht wirklich ans Ziel. Ich glaube ja, dass es einen Sinn hat, wieso du betrogen wirst.«

»Und was soll das bitteschön für einen Sinn haben? Welche Fragen führen mich denn ans Ziel?«, fragte sie schon fast beleidigt.

Aber Veronika blieb gelassen: »Es ist so: Warum-Fragen führen weiter ins Problem rein – aber nicht in die Lösung. Willst du also ein Problem lösen, ändere deine Fragestellung. Oft reicht es schon, wenn du aus einem Warum ein Wie machst.«

»Das würde dann in meinem Fall bedeuten, ich solle mich fragen: ›Wie immer ich?‹ Das ergibt doch keinen Sinn!«

Veronika lachte.

»Damit du verstehst, was ich meine, gebe ich dir klassische Beispiele. Spür mal bei den Fragen in dich hinein. Ich sage dir immer eine Warum- und dann im Vergleich eine Wie-Frage. Es ist immer die gleiche Situation. Nur die Fragestellung ist eine andere.

Warum bin ich unglücklich?
Wie werde ich glücklich?

Warum finde ich keinen Job?
Wie finde ich einen Job?

Warum passiert das immer mir?
Wie bin ich in die Situation gekommen?

Warum hab ich kein Geld?
Wie kann ich Reichtum erlangen?

Warum mache ich mir so viele Gedanken?
Wie bekomme ich wieder Macht über meine Gedanken?

Kannst du mir spontan sagen, wie es dir geht, wenn du diese Fragen hörst?«

Mechthild überlegte kurz und sagte: »Die Warum-Fragen sind voller Schwere. Die Wie-Fragen geben mehr Kraft und Freiheit.«

»Genau. Ich könnte diese Liste an Fragen unendlich fortführen. Solange du dich als Opfer des Lebens fühlst, wirst du automatisch und völlig unbewusst in den Warum-Fragen umherirren. Jetzt, wo du es weißt, kannst du dir andere Fragen stellen. Neue Fragen – neue Antworten. Und du wirst womöglich etwas Ähnliches merken wie ich: Die Veränderung der Fragestellung vom Warum ins Wie bedeutet einen Wechsel von der Opferrolle in die Selbstverantwortung. Es ist der Appell an sich selbst, ins Handeln zu kommen. Und genau das ist die Kraft, die du spürst.«

Mechthild ging aus diesem Gespräch nachdenklich heraus. Aber sie hatte verstanden, dass sie ihren Fokus ändern muss, wenn sie aus diesem Opfermodus rauskommen will.

Heute, zwei Jahre später, lebt sie glücklich in einer Beziehung. Sie hat sich gefragt, wie es dazu kommen konnte, dass sie immer wieder betrogen wurde. Sie wollte wissen, was sie damit zu tun hat. Sie stellte sich dem, was dadurch ans Tageslicht kam. Und so fand sie heraus, dass sie selbst auch oft unehrlich war. Besonders zu sich selbst. Sie hatte sich oft verleugnet, um bei anderen gut dazustehen und um geliebt zu werden.

Sicherlich war die Tendenz dazu auch jetzt noch da, doch da sie um ihre Verhaltensmuster wusste, war sie insgesamt achtsamer mit sich geworden. Diese Achtsamkeit war für Mechthild der Schlüssel zu einem bewussten Leben, in dem Unehrlichkeit wenig Platz hat.

Heute sagt sie viel öfter, was sie denkt und fühlt, und folgt ihrer eigenen Stimme, auch wenn das immer noch manchmal ein Bauchgrummeln verursacht.

Der einfachste Weg ist oft bequem.
Der glückliche Weg ist manchmal herausfordernd.
Für welchen entscheidest du dich?

Beate ist gar nicht krank

Diese Geschichte beruht auf einer wahren Begebenheit.

Beate ist heute fünf Jahre alt. Ihre Eltern informierten die Erzieherinnen im Kindergarten, dass bei ihr ADHS diagnostiziert wurde. Sie wurde schnell als schwierig empfunden. Immer wieder war sie auffällig und schwer zu handeln. Das bestätigten auch Beates Kindergärtnerinnen recht schnell.

Eines Tages musste Beate zur Kur. »Sie soll lernen, sich zu benehmen«, wurde den anderen Kindern in der Gruppe gesagt. Hoffentlich könne sie dort zur Ruhe kommen, damit sie sich nicht immer gleich über alles so aufrege. Mit ihrer aufgebrachten Art konnte sie nämlich alle zur Weißglut bringen.

Als Beate von der Kur zurückkam, ging es besser. Sie wurde von dem Zeitpunkt an im Kindergarten belohnt, wenn alles klappte und sie »lieb« war. Diese Belohnung bekam aber nur Beate. Denn sie war ja krank.

Freitags durften die Kinder immer ein Spielzeug von zu Hause mitbringen. Mia, die in derselben Kindergartengruppe war, hatte sich an einem Freitag, kurz nachdem Beate von der Kur zurück war, das Hasenbuch mit dem Titel »Weißt du eigentlich, wie lieb ich dich hab?« ausgesucht. Das hatte sie schon öfter mitgenommen, dieses Mal aber mit dem Vorhaben, es Beate vorlesen zu lassen. Das fand Mias Mutter total rührend und bestärkte sie in ihrem Vorhaben.

An dem Freitag, wo es vorgelesen wurde, kam Mia nach Hause und sagte freudenstrahlend: »Mama, Beate ist gar nicht krank. Man muss die nur lieb haben!«

Am nächsten Freitag brachte Beate einen Kuschelteddy mit, den sie einmal als Belohnung von ihrer Kindergärtnerin bekommen hatte. Sie gab ihn Mia mit den Worten: »Hier, den schenk ich dir, weil ich dich lieb habe.«

Seither schenken sich Beate und Mia diesen Teddy immer wieder gegenseitig.

Einfach so. Weil sie sich lieb haben.

In Liebe verzeihen

Die drei Geschwister Erwin, Bernd und Klaus hatten sich zerstritten. Als die Eltern bei einem Verkehrsunfall ums Leben gekommen waren, hatten sie sich wegen des Erbes nicht einigen können. Notariell war nichts festgelegt worden, die Söhne hatten nach bestem Wissen und Gewissen das Erbe, welches nicht klein war, aufteilen müssen. Da Bernd sich aber bereits im Vorfeld bei den Eltern Geld geliehen hatte, hätte er eigentlich weniger bekommen müssen. Nur das hatte Bernd gar nicht eingesehen. Und so waren die Brüder im Streit auseinandergegangen und hatten sich fast dreißig Jahre nicht getroffen.

Als Klaus sechzig wurde, plante er ein großes Fest. Er sprach mit Erwin, ob es nicht an der Zeit wäre, mit Bernd Frieden zu schließen. Erwin war auf der einen Seite dafür, auf der anderen Seite war er immer noch verbittert. Aber sie beschlossen gemeinsam, Bernd anzurufen und sich noch vor dem Fest mit ihm zu treffen. Bernd sagte erstaunlicherweise auch sofort zu.

Sie trafen sich an einem Mittwochabend in einer Kneipe. Als Bernd auf die beiden zukam, lief Klaus ihm entgegen und umarmte ihn herzlich. Erwin blieb wie angewurzelt stehen und konnte Bernd zunächst nur die Hand zur Begrüßung reichen.

Das Treffen lief erfreulich friedlich. Sie konnten sich aussprechen. Danach fragte Erwin seinen Bruder: »Sag mal, Klaus, wie konntest du Bernd sofort so herzlich umarmen?«

»Weißt du, ich habe Bernd schon länger verziehen. Als mir klar wurde, dass Verzeihen letztendlich nur etwas mit mir selbst zu tun hat, wollte ich den Groll, den ich da über Jahre mit mir rumschleppte, ablegen. Wer nicht verzeiht, tut sich selbst am meisten weh. Und die Gefühle von Wut, Zorn, Ärger und Hass spiegelten sich bereits in meinem Körper als Krankheit wieder. Somit wusste ich: Wenn ich nicht verzeihe, zerstöre ich mich mehr und mehr selbst. Und das wollte ich nicht. Ich wollte leben und gesund sein. Wenn ich die Verantwortung für meine Gefühle abgebe und dafür bei Bernd die Schuld suche, verharre ich in einer Sackgasse, die mich nur mehr und mehr ins Leid führt. Immer wieder kreisten meine Gedanken um Bernd, den ›Täter‹, und seine ›böse Handlung‹. Dies band Unmengen seelischer Energie in mir und beeinträchtigte mein halbes Leben. Es war für mich irgendwann an der Zeit, aus dieser Opferrolle auszusteigen. Um Bernd zu verzeihen, brauchte ich ihn nicht. Dies konnte ich ganz allein für mich tun. Und es war befreiend und erleichternd zugleich. Ich bin froh, dass dieses Kapitel endlich ruhen darf und der Vergangenheit angehört.«

In der Ruhe liegt die Kraft

Arne und Peter waren schon seit Jahren Arbeitskollegen, saßen gemeinsam in einem Büro und jeder kannte den anderen so gut wie seine eigene Westentasche.

Arne gähnte schon zum x-ten Mal an diesem Morgen und meinte völlig übermüdet: »Ich wache nachts um vier Uhr auf und kann nicht mehr schlafen. Tausend Gedanken fliegen mir durch den Kopf. Schlimm ist das in letzter Zeit.«

»Oh je, das kenne ich. Als ich neulich auf einem Online-Abendseminar von Robert Betz dabei war, kam dieses Thema auch. Weißt du, was er daraufhin eine Teilnehmerin fragte: Gönnst du dir denn am Tag genug Ruhe? Ansonsten sagt die Seele: Ich kann dich tagsüber nicht erreichen, also komme ich nachts und wecke dich.«

»So hab ich das noch nie gesehen. Und klar, wir stecken gerade mitten im Hausbau, da bleibt wenig Zeit für Ruhe. Ich gehe von der Arbeit heim, ziehe sofort die Arbeitsklamotten an und los geht's auf die Baustelle. Wenn ich dann spätabends zu Hause bin, wird geduscht und dann falle ich sofort ins Bett, wo ich dann keinen Schlaf finde, obwohl ich eigentlich todmüde bin«, seufzte Arne.

»Kennst du die Geschichte vom Holzfäller?«

»Nein … erzählst du sie mir?«

»Ich habe sie mal irgendwo gelesen: Ein Mann geht im Wald spazieren und sieht einen Holzfäller, der hastig und angestrengt dabei ist, einen auf dem Boden liegenden Baumstamm zu zerteilen. Er stöhnt und schwitzt und scheint viel Mühe mit seiner Arbeit zu haben. Der Spaziergänger geht etwas näher ran, um zu sehen, was ihm die Arbeit so schwer macht. Schnell erkennt er den Grund und weist den Holzfäller drauf hin, dass er sich die Arbeit unnötig schwer mache, da die Säge ganz stumpf sei. Er fragt ihn, wieso er sie nicht schärfe. Der Holzfäller schaut nicht einmal hoch, sondern zischt durch seine Zähne, dass er doch sägen müsse und zum Schärfen keine Zeit habe.

So ähnlich machst du das gerade auch mit deinem Körper. Du hast keine Zeit auszuruhen und verlangst gleichzeitig, dass er gut zu funktionieren hat. Das kann auf Dauer nicht gut gehen.«

Arne hörte aufmerksam zu, und die Geschichte vom Holzfäller stimmte ihn nachdenklich. Nach ein paar Sekunden Stille fragte er: »Peter, du hast eben gesagt, dass du das kennst. Heißt das, du hast für dich eine Lösung gefunden, wie du trotz Stress zur inneren Ruhe kommst?«

»Ja, die habe ich. Im Grunde genommen recht einfach. Glaubst du, dass du täglich eine Minute Zeit finden würdest, wenn du wüsstest, dass das der Beginn wäre, auf Dauer ausgeglichen zu sein?«

»Ja, die Bereitschaft habe ich – auf jeden Fall!«

»Okay. Also, die Lösung heißt Meditation. Ich weiß, dass viele Menschen in dieses Wort etwas reininterpretieren und gar nicht wissen, was es eigentlich bedeutet. Aber es ist wirklich einfach. Meditation bedeutet nichts anderes, als dich bewusst ins Hier und Jetzt zu rufen. Dass du das wahrnimmst, was ist. Und weder in der Vergangenheit noch in der Zukunft mit deinen Gedanken bist. Begonnen habe ich vor fünf Jahren damit. Und zwar gibt es eine Ein-Minuten-Meditation. Du machst nichts anderes, als dich eine Minute am Tag hinzusetzen und deine Atmung wahrzunehmen. Du wirst sofort merken, sobald du dich auf deine Atmung konzentrierst, atmest du tiefer. Es entspannt dich in Sekunden. Und irgendwann wirst du das Bedürfnis haben, diese eine Minute auszuweiten. Oder du wirst durch die Schärfung des Bewusstseins etwas anderes finden, das diese Wirkung bei dir erzeugt. Bei mir war es so, dass ich mir dann mehrmals am Tag diese Minute genommen habe. Und heute ist es so, dass ich jeden Morgen, bevor ich zur Arbeit fahre, zwanzig Minuten nichts anderes mache als zu atmen. Also meditieren. Nenne es, wie du willst. Sind ja eh alles nur Wörter. Natürlich kommen dabei, vor allem in stressigen Zeiten, auch Gedanken, die mir durch den Kopf fliegen. Das ist okay. Trotzdem entspannt es mich und lässt mich mit einem guten Gefühl in den Tag starten.«

Arne bekam sofort ein Funkeln in die Augen. Man sah, wie ihn allein die Möglichkeit, für so etwas nur eine Minute am Tag investieren zu müssen, begeisterte.

»Hey, ich habe eine Idee. Wir könnten doch eigentlich die eine Minute hier im Büro meditieren. Hier gehen viele alle zwei Stunden raus rauchen, da werden wir wohl auch mal eine Minute meditieren können«, witzelte er.

Peter fand die Idee super. Seitdem atmen sie täglich.

Und wenn sie nicht gestorben sind, dann atmen sie noch heute …

Die Stimme des Herzens

Gerlindes CD war schon seit drei Wochen in den Top Ten der Single-Charts. Das hätte sich die Neununddreißigjährige niemals träumen lassen, so spät im Leben noch eine Gesangskarriere zu machen.

In einem Interview wurde sie gefragt, wieso sie jetzt erst ihren Durchbruch feiern konnte.

»Ach, wissen Sie, das ist eine lange Geschichte. Schon als Kind sagte ich oft zu meinen Eltern, dass ich gern Sängerin werden möchte. Mein Vater tat das immer ab und meinte, ich solle etwas Gescheites lernen. Als ich dann achtzehn war, lernte ich durch Zufall eine Tanzband kennen, die mich sehr ansprach. Wir kamen ins Gespräch und irgendwann stellte sich heraus, dass sie eine Sängerin suchten. Ohne darüber nachzudenken, bekundete ich mein Interesse. Und daraus wurde ganz flott ernst.

Die Band hatte eine überaus qualifizierte Gesangslehrerin, zu der ich dann auch zum Probesingen ging. Sie fragte mich, ob ich etwas vorbereitet hätte. Ich war völlig unerfahren und suchte mir eines der Lieder von ihrer Liste aus. Es war ›I beg your pardon‹ von Rose Garden, weil ich das Lied öfter schon gehört hatte und gut mitsingen konnte. Aber Karaoke ist eben doch etwas anderes. Es war viel Text sehr schnell zu singen und ich war vor lauter Aufregung ganz kurzatmig. Die Gesangslehrerin merkte das auch rasch. Sie schlug vor, ans Klavier zu gehen. Dort spielte sie nach und nach Töne an, damit ich sie in der jeweiligen Höhe nachsang.

»Ein schönes lautes Aaaa bitte«, forderte sie mich auf.

Ich erinnere mich heute noch, wie nervös ich war. Die Fenster waren gekippt und ich wollte auf keinen Fall, dass mich irgendjemand draußen auf der Straße hört. Und entsprechend zaghaft kamen die Töne aus meinem Mund. Als wir nach einer halben Stunde fertig waren, sagte die Gesangslehrerin zu mir: »Als der liebe Gott die Sängerinnen-Stimmen verteilt hat, haben Sie aber nicht ›Ich! Ich!‹ gerufen!«

Dieser Satz hatte gesessen! Er hat sich für alle Zeiten in meinem Hirn eingenistet. Lange Zeit wagte ich überhaupt nicht mehr, den Mund aufzumachen, trotz meiner Liebe zum Singen.

Heute weiß ich, was damals passiert war. Ich hatte eine äußere Stimme zu meiner eigenen gemacht. Ich hatte das geglaubt, was die Gesangslehrerin über mich gesagt hatte. Meine Herzensstimme hatte ich ausgeblendet, obwohl sie stets da war. Nur war sie von vielen Ereignissen zugeschüttet worden.

Im Zuge meiner persönlichen Entwicklung kam ich irgendwann an einen Punkt, wo ich mich fragte: Wer bin ich? Wieso bin ich hier? Was will ich denn wirklich? Und dann hörte ich sie plötzlich wieder. Diese Kinderstimme von früher, die immer sagte: ›Ich will Sängerin werden.‹

Dieser Kindertraum, er war noch da. Und dieses Mal wollte ich mich nicht davon abbringen lassen. Ich nahm jetzt ernsthaft Gesangsunterricht. Dieses Mal jedoch bei einer einfühlsamen Lehrerin, die mir immer wieder Mut machte. Sie war die Einzige, die wusste, was ich vorhatte. Ich wollte einmal in meinem Leben eine CD rausbringen. Es brauchte kein großer Erfolg zu werden, ich war mit wenig zufrieden. Aber ich wollte es dieses Mal schaffen. Für mich!

Dass ich nun einen solchen Erfolg habe, damit hätte ich niemals gerechnet. Aber ich freue mich so sehr darüber. Und letztendlich bin ich mir selbst am meisten dankbar, dass ich meine Träume nicht habe fallen lassen. Dass ich mir die Arbeit machte, herauszufinden, welche der Stimmen in meinem Kopf äußere sind, die ich zu meinen machte, und welche meine eigenen sind. Der Schlüssel zum Erfolg war wohl Selbstvertrauen.«

Wenn neues Leben anklopft

Manuela saß auf ihrem Bett und hielt den Schwangerschaftstest in der Hand. Die zwei rosa Streifen waren eindeutig. Schwanger! Das hatte ihr gerade noch gefehlt. Dabei hatte sie nicht einmal die Adresse von dem jungen Mann, mit dem sie geschlafen hatte. Es war ein One-Night-Stand nach einer Party gewesen, auf der sie einiges getrunken hatte.

In ihrem Kopf kreisten viele Fragen: »Was mache ich nur? Wie soll ich für das Kind sorgen? Soll ich abtreiben? Darf ich ein Menschenkind am Leben hindern? Kann ein Kind ohne Vater aufwachsen?« Sie war verzweifelt, und Tränen liefen ihr über die Wangen.

Mit ihren fünfundzwanzig Jahren stand Manuela fest im Berufsleben. Sie war als Angestellte in einer Bank tätig und ging tagein, tagaus ihrem Alltagstrott nach. Glücklich war sie damit nicht, auch hatte sie sich immer Kinder gewünscht. Aber jetzt, wo die Situation da war, erschien ihr das Leben als Angestellte doch sicher und nicht mal so schlecht. So wollte sie das jetzt auch nicht! Außerdem hatte sie selbst noch so einiges aus ihrer Kindheit aufzuarbeiten und fühlte sich schon deshalb nicht imstande, Verantwortung für ein Kind zu übernehmen. Wie sollte das gut gehen?

Es half nun nichts, sie musste sich ernsthaft Gedanken darüber machen, was sie eigentlich genau im Leben wollte. Nur allein war das in ihrem Zustand gerade unmöglich herauszufinden. Sie rief ihre beste Freundin an.

»Simone, kannst du zu mir kommen? Ich brauche dich jetzt«, schluchzte sie in den Hörer, als sie die vertraute Stimme ihrer Freundin hörte.

»Was ist denn los?«, fragte Simone ganz besorgt, denn so kannte sie Manuela nicht.

»Frag nicht, sondern komm zu mir!«

»Okay, warte bitte, in einer halben Stunde bin ich bei dir.«

Manuela war dankbar, dass Simone den Ernst der Lage sofort erkannte. Auf ihre beste Freundin war eben Verlass. Die halbe Stunde sollte sie jetzt auch noch rumbekommen. Sie schob eine CD mit Meditationsmusik in den Player und legte sich aufs Bett. Obwohl sie wusste, dass sie sich in dieser Situation eigentlich nicht beruhigen konnte, musste sie sich irgendwie runterfahren … Und da läutete es auch schon. Sie rannte an die Tür, öffnete und fiel Simone erleichtert in die Arme. Jetzt konnte sie ihren Tränen endlich freien Lauf lassen.

»Ja, wein dich ruhig aus«, sagte Simone verständnisvoll, während Manuela an ihrer Schulter schluchzte und ihre Bluse durchnässte.

Nach einer Weile setzten sie sich aufs Bett.

»Ich weiß gar nicht, wo ich anfangen soll«, klagte Manuela.

»Fang einfach an, ich sage dir, wenn ich nicht mitkomme.«

»Kannst du dich noch an den Abend in dieser Cocktail-Bar erinnern? Da lernte ich Jens kennen. Wir waren uns von Beginn an sympathisch und flirteten hemmungslos. Nachdem ich ein paar Cocktails zu viel getrunken hatte, sind wir zu mir gegangen. Wir landeten im Bett und gaben uns unserer Lust hin. Morgens, als ich aufwachte, war er fort. Ohne ein Wort. Einfach weg. Und jetzt ... jetzt bin ich ... jetzt bin ich schwanger«, stotterte Manuela, weil sie kaum wagte, es auszusprechen.

Im selben Atemzug überkam sie der nächste Heulflash. Simone war im ersten Moment sprachlos und konnte überhaupt nichts sagen.

Sie versuchte schließlich, Manuela zu trösten: »Ich kann mich nur ansatzweise in deine Situation hineinversetzen und fühle wirklich mit dir. Dann wirst du wohl jetzt vom Leben auf einen Prüfstand gestellt. Du hast dir ja schon länger Gedanken darüber gemacht, ob du weiterhin in der Bank bleiben willst. Vielleicht ist das jetzt die Chance, dein Leben neu zu gestalten?«

»Oh, Simone, wenn du wüsstest, was die Situation gerade mit mir macht. Wie soll ich denn Verantwortung für ein Kind übernehmen, wenn ich selbst noch so viel aufzuarbeiten habe?«, schluchzte Manuela weiter.

Simone konnte das schon nicht mehr hören. Daher platzte es aus ihr raus: »Manuela, wie lange willst du noch in deiner Opferrolle ausharren? Wenn du dich ständig darauf fokussierst, was noch alles aufzuarbeiten ist, hängst du immer in dieser Mühle des Selbstmitleids. Du stellst fest, was du noch nicht kannst oder noch nicht bist, und entfernst dich dadurch von dir selbst weiter, als dir lieb ist. Wach auf! Das Leben ist jetzt! Du bist schwanger. Du bist eine erwachsene Frau! Du bist toll! Du bist gut, so wie du bist! Übernimm Verantwortung. Verantwortung für dich. Gib deinem Leben eine Chance. Du kannst das. Aber nur, wenn du endlich Ja sagst. Ja zu deinen Gefühlen. Ja zu dir selbst. Und wenn du Ja zum Leben sagst, dann wird auch dein Kind Ja zu dir sagen können.«

Manuelas Augen füllten sich erneut mit Tränen. Sie rang nach Worten. Und dann kam plötzlich ein leises, verschämtes »Ich habe Angst« über ihre Lippen. Simone umarmte ihre Freundin, und Manuelas Tränen nahmen kein Ende.

»Was wäre, wenn es völlig okay wäre, dass du in dieser Situation auch Angst hast?«, fragte Simone mitfühlend.

»Das wäre hilfreich. Dann wäre es leichter. Dann könnte ich mich vielleicht auch dazu entscheiden, ein neues Leben zu führen.«

»Du hast dich soeben dafür entschieden, deine Gefühle so anzunehmen, wie sie sind. Genau das ist es, was die Lösung hervorbringt. Lass zu, dass auch Angst da sein darf. Und in dem Moment, wo du deine Angst annimmst, wird sie schwächer. Die Angst verwandelt sich. Wenn die Angst geht, kommt das Vertrauen. Die negativen Gefühle können sich erst verändern, wenn sie bejahend gefühlt wurden.«

Erleichterung machte sich in Manuela breit.

Obwohl sie in den Wochen darauf oft nicht wusste, wo ihr der Kopf stand, entschied sie sich, das Baby zur Welt zur bringen. Sie sagte Ja zur Unsicherheit und Ja zu den Zweifeln, die da waren. Sie sagte Ja zu allem, was sie auf ihrem Weg begleitete. Sie hatte sich für ihr neues Leben entschieden und war bereit, Selbstverantwortung zu übernehmen und die Konsequenzen zu tragen.

Es folgten Monate, in denen sie immer wieder mal an ihrer Entscheidung zweifelte. Sie wusste nicht, wie dieses neue Leben genau aussehen würde. Aber sie wusste, wenn sie sich nicht mit dem neuen Leben, ihren Zweifeln und den damit verbundenen Ängsten konfrontierte, würde sie niemals erfahren, wie es sich anfühlte.

Neun Monate später gebar sie dann einen gesunden Jungen. Direkt nach der Geburt wurde ihr der Kleine auf die Brust gelegt. Manuela liefen Freudentränen über die Wangen. Sie küsste ihn liebevoll auf den Kopf und streichelte seinen Rücken. Zum Glück hatte sie trotz der Ängste und Zweifel ihrem neuen Leben Einlass gewährt.

Gute Gespräche

Katrin war eine junge Frau, die ihren Onkel mochte, obwohl er sehr eigen war. Zwischen den beiden bestand eine Herzensverbindung.

Den Krebs hatte er besiegt, dennoch stand es nicht gut um ihn. Seine Niere wollte nicht mehr richtig. Und man spürte, dass er den Kampf des Lebens beenden wollte. Er hatte keine Kraft mehr. Katrin war es ein Bedürfnis, ihn im Krankenhaus zu besuchen, obwohl sie fast fünfhundert Kilometer weit entfernt wohnte.

Er erzählte über seine Probleme im Leben, dass seine Beziehung nicht mehr richtig funktionierte und seine Kinder nichts von ihm wissen wollten. Katrin hörte ihm interessiert zu und hinterfragte vieles. Zwei Stunden verbrachten sie miteinander. Am Ende sagte er voller Dankbarkeit zu ihr: »Danke für unser Gespräch. Das hat mir wirklich gutgetan. Endlich jemand, der mich versteht.«

Dabei hatte sie nur zugehört und Fragen gestellt ...

Angst vor dem, was kommt

»Alles darf sein!« hieß das Seminar, für das Pia sich angemeldet hatte. Sie wollte auf jeden Fall dorthin. Es war ihr erstes Seminar, in dem es um Persönlichkeitsentwicklung ging. Bis dahin war sie zwar regelmäßig bei einem Lerntherapeuten, aber allein. Ohne Gruppe. Weil es ihr schon immer schwerfiel, sich in einer Gruppe zu öffnen.

Schon Tage davor hatte Pia Durchfall, malte sich die wildesten Horrorszenarien aus, was alles passieren könnte, und schlief in den Nächten fast überhaupt nicht. So kam es ihr zumindest vor, wenn sie schweißgebadet wach wurde und sich von den schrecklichen Träumen erholen musste.

Am Abend vor dem Seminar packte Pia ihre Koffer und war nahe dran abzusagen. Aber sie wusste: Wenn sie das jetzt nicht machte, würde sich nichts verändern. Sie wusste, dass sie diese Hürde nun nehmen musste. Ihre Gedanken fuhren Achterbahn. Andere haben das doch auch schon gemacht. Und wer weiß, vielleicht geht es ja nicht nur mir so? Vielleicht haben andere auch Angst vor dem, was kommen könnte? Pia versuchte sich seit Tagen irgendwie zu beruhigen.

Und dann kam der Tag der Tage. Endlich saß Pia im Auto. Beruhigt hatte sie sich noch nicht wirklich. Und die inneren Stimmen rissen sie immer noch hin und her.

»Was ist, wenn die Gruppe mich ablehnt? Wenn mich irgendwer dort nicht leiden kann? Was ist, wenn ich mich bloßstelle?«, fragte die Angst.

»Erinnere dich: Wie oft schon hast du dich prima ein-
gefügt in eine Gruppe? Du wurdest in den Schulklassen
immer geliebt. Sogar den Posten als Klassensprecher hattest
du oft. Du schaffst das. Du hast einen wunderbaren Draht
zu Menschen. Und das weißt du auch!«, erwiderte das Vertrauen.

»Ja, das mag sein, aber dieses Mal ist es anders. Es ist keine Schulklasse. Es ist eine Gruppe Erwachsener, die sich
weiterentwickeln wollen, und ich kenne noch niemanden«,
mischte sich die Unsicherheit ein.

»Ja, genau, und deshalb gehen wir nun auch gemeinsam da durch. Dort sind nur Menschen, die sich entwickeln
wollen. Einschließlich Pia. Wir haben nichts zu verlieren.
Wir können nur gewinnen«, sagte der Mut optimistisch.

»Pia kann sich selbst vertrauen. Sie wird von ihrer Intuition geführt. Sie kann sich ganz auf sich verlassen. Ich bin
bei ihr!«, beruhigte die Liebe.

Und so ging das die ganze Zeit hin und her. Pia wusste
gar nicht mehr, wohin mit ihrem inneren Chaos und war
froh, als sie endlich in dem Hotel angekommen war, wo das
Seminar stattfinden sollte. Sie checkte ein, packte auf ihrem
Zimmer den Koffer aus, nahm ihre Trinkflasche, ihren No-
tizblock und ging an die Rezeption, um zu fragen, wo das
Seminar sein sollte. Kurz vor zehn betrat Pia den Raum, der
tagelang für inneren Schrecken gesorgt hatte. Die meisten
Teilnehmer waren schon anwesend. Sie guckte in die Runde, kannte aber niemanden. Einige standen zusammen und
sprachen miteinander und manche saßen auf den Stühlen,
die im Kreis aufgestellt waren. Sie ließ sich auf einem freien
Platz nieder. Neben ihr saß ein junger Mann, der ihr sofort
die Hand reichte, um einen guten Morgen zu wünschen,

und sich mit dem Namen Mike vorstellte. Das beruhigte sie schon einmal etwas.

Nachdem auch die Kursleiterin da war, setzten sich alle. Zunächst wurde Organisatorisches geklärt, dann eine kurze Meditation im Stehen gemacht, damit alle »ankommen« konnten. Danach begann eine kurze Vorstellungsrunde. Pias Herz klopfte jetzt schon. Aber sie dachte sich: Ich sag jetzt einfach die Wahrheit und dann ist es raus.

Jeder sollte sich mit Namen vorstellen, dann sagen, mit welchem Gefühl er nun hier sitze und was er sich für die nächsten drei Tage von der Gruppe wünsche. Da brauchte Pia nicht lange zu überlegen.

»Mein Name ist Pia Altstätter und ich bin sehr aufgeregt, weil ich mich nicht gut vor einer Gruppe öffnen kann. Ich habe Angst, abgelehnt zu werden, außerdem kenne ich niemanden hier und vor Neuem habe ich immer Angst. Von der Gruppe wünsche ich mir, dass sie mich so annimmt, wie ich bin.«

So, nun war es draußen. Pia saßen ein paar Tränchen in den Augen, die sie zum Glück noch zurückhalten konnte. Sie wollte auf keinen Fall vor der Gruppe weinen!

Als die Vorstellungsrunde und die erste Übung vorbei waren, ging es in die Pause. Die Ersten kamen schon auf Pia zu und sagten ihr, dass sie das ganz schön mutig gefunden hätten, solche Worte vor der Gruppe zu äußern, und dass sie sich gar nicht vorstellen könnten, dass sie sich nicht öffnen kann. Sie habe es schließlich damit schon getan.

Das Wochenende war sehr intensiv, und Pia erlebte, welche Kraft in einer Gruppe stecken kann. Es gab Übungen, die konnte man nur gemeinsam erleben, und so wurde sie reich beschenkt an diesen Tagen. Sie erfuhr, dass viele Menschen die gleichen Themen hatten, und konnte sich in manchen Übungen sogar komplett fallen lassen und der Gruppe vertrauen. Ein tolles Gefühl. Es war alles so wertschätzend, wie sie sich das zuvor niemals hätte vorstellen können. Hätte sie das vorher gewusst, hätte sie sich auch nicht so verrückt gemacht.

Ihr war im Laufe des Seminars auch klar geworden, dass sie den Wunsch, so angenommen zu werden, wie sie ist, nur deshalb zu Beginn an die Gruppe gerichtet hatte, weil sie es selbst nicht tat. Sie verurteilte sich sehr oft und machte sich klein, obwohl es keinen Grund dazu gab. Eine Erkenntnis hatte sie in diesen Tagen auf jeden Fall dazugewonnen:

>>Es ist nicht die Aufgabe der anderen,
mich zu lieben. Es ist meine!<<

Das wollte sie auf jeden Fall jetzt lernen. Achtsamkeit und Wertschätzung waren nun wichtig. Vor allem sich selbst gegenüber. Auch in den kleinen alltäglichen Situationen des Lebens. Ja, vor allem da!

Als sie am Sonntagnachmittag erfüllten Herzens nach Hause fuhr, fragte sie sich, wohin sich wohl ihre >>sprechenden Beifahrer<< verkrümelt hatten. Nur noch eine Stimme war da.

>>Siehst du, liebe Pia, auch wenn du unsicher bist oder Ängste hast, du darfst auf das vertrauen, was in dir ist. Du hast alles, was du brauchst, um glücklich zu sein. Du bist so,

wie du bist. Wundervoll!«, hörte Pia frohlockend die Liebe
in sich sprechen.

Hilflose Gefühle

Linda saß auf ihrem Sofa und weinte. Gerade hatte sich Paul verabschiedet. Sie hatten sich übers Internet kennengelernt und einen tollen Tag miteinander verbracht. Linda konnte sich nicht erklären, wieso sie jetzt schon wieder weinen musste. Sie fühlte sich hilflos, ihren verwirrenden Gefühlen ausgeliefert.

Noch vor fünf Jahren wäre es ganz anders gelaufen. Bis dahin hatte sie nur Männer kennengelernt, die sie verarschten, die sie belogen, die verheiratet waren und einfach nur Sex wollten. Damit hatte sie irgendwie umgehen können. Sie kannte es, verletzt zu werden. Das war sie gewohnt, damit hatte sie sich arrangiert, auch wenn es schmerzvoll und überhaupt nicht erfüllend war.

Die Krönung von allem, was sie bis dahin erlebt hatte, war Richard. Linda hatte auch ihn im Internet kennengelernt. Sie schrieben sich zuerst einige Nachrichten, telefonierten, und da sie nur hundert Kilometer voneinander entfernt wohnten, trafen sie sich dann auch real. Sie gingen am ersten Abend miteinander ins Bett, und so nahm alles seinen Lauf. Sie trafen sich über ein halbes Jahr mehrmals in der Woche, er versprach ihr, dass sie zusammen alt werden, gemeinsam Kinder bekommen und später nach Australien auswandern würden, denn dort hätte er ein eigenes Haus. Linda freute sich, dass sie endlich den Mann fürs Leben gefunden hatte.

Bis zu dem Tag, an dem ihr Telefon klingelte.

»Lassen Sie meinen Mann in Ruhe! Richard gehört mir, wir haben drei kleine Kinder. Wollen Sie das etwa zerstören?«, zischte eine weibliche Stimme durch den Hörer. Linda war wie erstarrt. Sie war wieder mal einem Betrüger ins Netz gegangen.

An dem Tag begriff sie: Was ich hier tue, das tut mir nicht gut! Sie kannte zwar noch keinen besseren Weg, aber sie hatte verstanden, dass sie keine Gefühle bei einem Mann erzeugen konnte, wenn sie einfach nur ihren Körper hingab. Sie dachte, sie müsse Sex anbieten, damit der jeweilige Mann sie überhaupt toll fand. Hielt sie sich als Person für so wertlos? Für so wenig liebenswert? Das war doch Unsinn! Dennoch hatte es zehn Jahre gedauert, bis sie das verstand.

Sie lernte danach immer wieder mal einen netten Mann kennen. Obwohl die Chemie stimmte, fiel Linda in ein »Heul-Koma«, sobald der Mann aus dem Haus war. Sie konnte es niemandem erklären. In solchen Momenten heulte sie wie ein Wasserfall und konnte es einfach nicht abstellen. War ein Mann ehrlich an ihr interessiert, konnte sie mit ihren Gefühlen nicht umgehen. Sie geriet dann in eine Art Kontrollzwang und wollte von ihm wissen, wo er ist und was er tut. Sie brauchte Sicherheit, die sie selbst nicht hatte. Sie wollte von diesem Mann immer neu hören, wie gern er sie hat. Und dieses Verhalten schlug ihn ganz schnell in die Flucht.

Und nun war es wieder so weit. Paul war so ein Heul-Koma-Kandidat. Der tolle Tag, den sie voller Achtsamkeit miteinander verbracht hatten, war vorbei. Paul war gegangen, und schon heulte sie wieder wie ein Schlosshund.

»Was ist das nur?«, schluchzte Linda hilflos die Wände an.

Mithilfe ihrer Therapeutin hatte sie nun schon so viele Blockaden gelöst. Nun entschied sie sich mitten in ihrem Heulkonzert, an diesem Sonntagabend telefonisch um Hilfe zu bitten. Linda war erleichtert, dass die Therapeutin abnahm, und erzählte ihr, was passiert war.

Da kam die entscheidende Frage: »Wer heult denn da in dir? Wie alt ist die Linda, die da heult?«

»Klein, sie ist klein, ich weiß nicht, wie alt. Vielleicht drei oder vier Jahre ...«, sprudelte es wie von selbst aus ihrem Mund.

Und im selben Augenblick, als sie das ausgesprochen hatte, wurde Linda ruhiger. Ihr wurde bewusst, dass es die kleine, verletzte Linda war, die da heulte. Und nicht die erwachsene Frau. Daher kam also die Hilflosigkeit!

Gemeinsam arbeiteten sie am Telefon. Sie fanden heraus, dass Linda sich schon sehr früh in der Kindheit Glaubenssätze über Männer erschaffen hatte, weil ihr Vater sich nie um ihre Mutter gekümmert hatte. Er war fremdgegangen und hatte nur auf sich geschaut. Für die kleine Linda war der Vater der »Böse«.

Und weil die Glaubenssätze aus der Kindheit inneres Programm geworden waren, hatte Linda immer und immer wieder unbewusst genau die Männer als Gegenüber erwählt, die ihr das Bild vom »bösen Mann« bestätigten. Aus diesem Muster kam Linda jetzt langsam raus, doch Nettigkeiten und ernst gemeinte Zuwendung überforderten sie extrem. Das war Neuland.

Die Therapeutin forderte Linda auf, alle alten Glaubenssätze auf einen Zettel zu schreiben. Linda fing wie wild zu schreiben an, und es kam viel mehr dabei heraus, als sie gedacht hätte: »Männer verletzen, Männer sind nie da, wenn man sie braucht, Männer gucken nur auf sich …« Das waren nur einige der Sätze, die bald auf ihrem Zettel standen.

Als sie fertig war, las sie alles vor. Abschließend schrieb sie auf Anraten der Therapeutin unter die Glaubenssätze das, was sie gemeinsam erarbeitet hatten: »Vielen Dank, dass ihr mich so lange begleitet habt. Ihr habt mir Sicherheit gegeben. Teilweise auch Schutz. Doch nun bin ich erwachsen. Ich kann auf mich aufpassen und mich selbst beschützen. Liebe Glaubenssätze, ihr dürft nun gehen. Ich gebe selbst auf mich acht.«

Als Linda aufgelegt hatte, musste sie wieder weinen. Dieses Mal jedoch vor Erleichterung. Den Zettel nahm sie bei ihrem Abendspaziergang mit in den Wald und verbrannte ihn dort.

Sie traf sich danach noch oft mit Paul, und während die Verletzungen aus Lindas Kindheit heilen durften, entstand eine wundervolle Liebe, die sie in vollen Zügen genießen konnte.

Die Marmeladengeschichte

Eine wahre Geschichte.

Sabine war fünf Jahre alt. Sie saß mit ihren Eltern am Tisch, es gab Abendbrot.

»Mama, darf ich heute ein Marmeladenbrot essen?«, fragte Sabine mit erwartungsvollen Augen.

»Nein, abends gibt es nichts Süßes, das weißt du doch!«

Ja, Süßes war vor dem Schlafengehen tabu. Keiner wusste wieso, es war halt schon immer so. Da war Sabines Mutter auch ganz streng. Und so aß Sabine, wie jeden Abend, Wurst und Käse auf ihrem Brot.

Fünfunddreißig Jahre später.

Sabine war vierzig Jahre alt. Sie saß mit ihren Kindern am Tisch, es gab Abendbrot.

»Mama, darf ich heute ein Marmeladenbrot essen?«, fragte Nina, die jüngste Tochter, mit erwartungsvollen Augen.

»Nein, mein Kind, abends gibt es nichts Süßes, das weißt du doch!«

Ja, Süßes war vor dem Schlafengehen tabu. Keiner wusste wieso, es war halt schon immer so. Da war Sabine auch ganz streng.

Aber Nina gab sich nicht zufrieden.

»Wer sagt eigentlich, dass es abends nichts Süßes geben darf? Bei meiner Freundin Beate ist das nämlich anders. Da dürfen wir Kakao trinken und sogar Nutella aufs Brot schmieren.«

Die Mutter war irritiert. Um ihre Tochter fürs Erste zufriedenzustellen, sagte sie schnippisch: »Ich sage das, und darüber wird auch nun nicht diskutiert!«

Aber die Frage arbeitete in Sabine. Ja, wer sagte denn eigentlich, dass abends nichts Süßes gegessen werden darf? Sie ging mit dieser Frage ins Bett und wachte morgens damit auf. Ihre Gedanken kreisten nur noch darum. Ihr fiel noch viel mehr ein, was sie tat, weil es immer so getan wurde. Ohne zu hinterfragen. Ihr Leben war völlig durchgeplant. Es gab keine großartigen Veränderungen. Ihre Termine standen Woche für Woche fest.

Ihre Tochter hatte zwar nur diese eine Frage gestellt, aber die gab Sabine heftig zu denken. Ihr wurde plötzlich bewusst, dass ihr Leben absolut durchorganisiert war. Teils selbst gewollt, aber teilweise auch starr und unflexibel von irgendwelchen inneren Stimmen derart geprägt, dass es sie förmlich zerriss. Das meiste davon lief völlig unbewusst ab. Jetzt bekam sie eine Ahnung davon, warum sie eine chronische Unzufriedenheit spürte, die sie jedoch nie in Worte fassen konnte. Sie fühlte sich oft leer und ausgelaugt ohne für sie ersichtliche Gründe.

Sie folgte Stimmen, die gar nicht ihre eigenen waren. Und das Abendessen war nur ein kleines Beispiel von vielen. Wie gern hätte sie selbst auch mal abends etwas Süßes auf dem Brot gegessen, aber irgendwas war da, was es ihr verbot. Und was genau dieses »irgendwas« war, das wollte sie nun herausfinden. Sie erinnerte sich an ihre Kindheit. Ihre Mutter hatte immer zu ihr gesagt: »Vor dem Schlafengehen gibt es nichts Süßes!«, und genau das war es, was Sabine ständig hörte. Innerlich. Unbewusst. Und selbst ihre Mutter hatte es wahrscheinlich von ihrer Mutter so übernommen.

So wie viele Verhaltensmuster war auch dieses ungefragt integriert und weitergereicht worden. Aber nun war es im Bewusstsein. Sabine war klar, dass auch ihre Tochter das Verhaltensmuster weiterleben würde, wenn sie es jetzt nicht unterbrach. Und so traf sie eine Entscheidung.

Eine Woche später. Alle saßen am Abendtisch. Sabine hatte das noch geschlossene Marmeladenglas provokant mitten auf den Tisch gestellt. Es bemerkte niemand, bis Sabine es in die Hand nahm. Sie öffnete es, strich sich fett Marmelade aufs Brot und alle guckten sie entgeistert an.

»MAMA!!!«, sagte Nina ganz entsetzt.

Aber Sabine guckte nur grinsend in die Runde.

»Was glaubt ihr, wieso ich das jetzt mache?«, fragte sie.

»Weil du Lust auf ein Marmeladenbrot hast?«, grinste Nina mit.

»Ja, genau«, antwortete die Mutter und dachte: Kinder sind ein Geschenk des Himmels und der beste Spiegel überhaupt. Danke!

Es ist, wie es ist

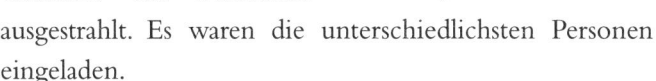

Zum Thema »Ich liebe meinen Körper!« wurde eine Talkshow im Fernsehen ausgestrahlt. Es waren die unterschiedlichsten Personen eingeladen.

Beate, zweiundfünfzig Jahre alt, Hausfrau und Mutter von zwei Kindern, war auch da. Sie hatte vor fünf Jahren knapp vierzig Kilo abgenommen und ihr neues Gewicht bis heute gehalten. Ihr wurde die Frage gestellt, wie sie das geschafft hatte, was viele nicht schaffen: Gewicht reduzieren und vor allem auf Dauer.

»Bei mir war es keine plötzliche Sache«, antwortete sie. »Ich war mein Leben lang schon dick. Und wie Sie sehen, bin ich ja auch heute noch nicht schlank. Aber es ist okay so. Bereits als Kind hatte ich immer einen gewissen Speck auf den Rippen, und nach der Pubertät wurde es dann immer schlimmer. Auch ich hatte ständig mit dem Jo-Jo-Effekt zu kämpfen. Ich nahm ab und wieder zu. Rauf und runter ging es mit meinem Gewicht. Und wie viele das kennen: Ich nahm immer etwas mehr zu, als ich zuvor abgenommen hatte, sodass ich irgendwann bei einem Gewicht von 142 Kilo angekommen war. Das war auch mein persönliches Höchstgewicht. Ich konnte mich selbst nicht mehr leiden. Ich war unzufrieden auf allen Ebenen und gab mir für alles die Schuld, was in meinem Leben nicht gelaufen ist. Ich verurteilte mich, wo ich mich nur verurteilen konnte, und ging mit mir selbst ganz hart ins Gericht. Und irgendwann kam dieser besagte Tag. Der Tag X, wie man ihn so schön nennt, an dem ich eine Entscheidung traf. Ich wollte mein Leben grundlegend verändern. Aber ich war unsicher, ob ich diese lange Reise allein schaffen würde. Also suchte ich mir Hilfe. Ich ging zu einem Therapeuten, der einfach großartig war. Er gab mir zu verstehen, dass das Essen letztendlich nicht das Problem ist, sondern nur das Ergebnis meiner hungrigen Seele. Ersatzbefriedigung! Und so arbeiteten wir gemeinsam. Nein, nicht am Gewicht, wie viele vielleicht denken. Sondern daran, es so zu akzeptieren, wie es ist. Das bedeutete: Verantwortung übernehmen! Nämlich für die Ist-Situation. Der Realität ins Auge sehen. Ich hatte mir selbst mein Leid erschaffen. Da war kein anderer für verantwortlich. Nicht mehr. Natürlich lebte ich noch Muster, die schon in der Kindheit entstanden sind. Aber ich war jetzt erwachsen! Das hieß nicht, dass ich mich verurteilte für das, was ich mir selbst angetan hatte, sondern das Gegenteil: Genau dafür musste ich mir verzeihen. Ich hatte doch schon lange genug auf mich eingeschlagen. Selbstliebe war das Schlüsselwort. Und ich weiß heute: Hass und Liebe liegen eng beieinander. Ich musste den Hass mir selbst gegenüber kennenlernen, um die Liebe spüren zu können.

Und dann war es irgendwann so weit, dass ich genau das konnte. Ich akzeptierte die Situation, in der ich mich befand. Was nicht hieß, dass ich sie für gut befunden habe. Nein. Ich akzeptierte, dass es so war, wie es war. Nicht mehr und nicht weniger. Ich akzeptierte mich mit meinen Macken, mit meinen Schwächen, und ich wusste: Auch das ist okay.

Mein Gewicht – ich glaube, es ist nicht gegangen, sondern es hat sich verlagert. Ja, genau. Ich habe vierzig Kilo von außen nach innen verlagert! Was ich damit meine? Nun, meinem Kern, meinem Inneren schenkte ich nie viel Beachtung. Ich identifizierte mich viel mehr über mein Dicksein. Und genau das hat sich verändert, indem ich Ja zu mir sagte. Ja zu dem, was ich bin. Was mich ausmacht. Wofür ich mich liebenswert finde. Die Hülle wurde immer unwichtiger. Ich sah immer mehr mit den Augen der Liebe. Und ich sah etwas anderes als vorher. Nicht nur bei mir, auch bei anderen Menschen.

Im Schwimmbad war es für mich am deutlichsten spürbar. Ich nahm die Menschen anders wahr, und ich selbst schämte mich auch nicht mehr so sehr für meinen Körper. Als ob es mir plötzlich gleichgültig geworden wäre, wie jemand aussah. In der Dusche traute ich mich sogar irgendwann, meinen Badeanzug auszuziehen, obwohl ich noch genug Gewicht auf den Rippen hatte.

Ach, ich weiß auch nicht. Ich kann es schwer beschreiben, sodass es für jemanden nachvollziehbar ist, der das nicht durchlebt hat. Aber vielleicht versteht ja trotzdem jemand, was ich damit sagen will.

Die Fragestellung in mir hat sich auch geändert.

Auf dem Weg zur Selbstliebe wurde aus
einem ›Wie kann ich mich ändern?‹
ein ›Was tut mir gut?‹.

Und so lebte ich bewusster. Und mit jedem Tag, an dem ich bewusster lebte, änderte sich die Ernährung. Ich wollte mir Gutes tun. Das war wie eine Begleiterscheinung, die automatisch eintraf. Sicherlich war die Umsetzung dessen nicht immer so leicht, aber irgendwie hatte ich das Gefühl, je mehr ich aus dem Herzen lebte, desto weniger Angriffsfläche hatte der innere Schweinehund. Er löste sich mehr und mehr auf.

Ach so … ich habe noch etwas getan. Ich habe mir täglich dreimal fünf Minuten Zeit genommen, und zwar immer vor den Mahlzeiten. Ich habe mich ins Schlafzimmer ans offene Fenster gestellt, denn dort hatte ich Ruhe, und habe mich gefragt: ›Welches Essen tut dir jetzt gut?‹ Zu Beginn kamen da ganz tolle Stimmen, die schrien ›Süßes‹ oder ›Chips‹ und lauter solche Sachen. Das war vielleicht ein Chaos, kann ich Ihnen sagen. In dieser Zeit nahm ich auch wieder ganze zehn Kilo zu. Das war hart. Ich war zeitweise überzeugt davon, dass das der falsche Weg ist. Gar nicht so einfach, trotzdem weiterzugehen. Aber ich fragte mich durch. Welche Stimmen sind das denn nun? Wer spricht da eigentlich? Welche ist meine Herzensstimme? Und je länger ich mir diese Zeit vor jeder Mahlzeit nahm, desto besser konnte ich meine eigene Stimme wahrnehmen. Die sagte auch nicht immer ›Gemüse‹ oder ›Salat‹. Nein, manchmal sagte sie auch: ›Gönn dir einen Cappuccino mit einem Stück Schokolade zum Nachtisch.‹ Und genau das tat ich. Weil ich wusste: Es ist okay so. Ja, ich kann sagen, dass ich langsam, aber sicher mein Vertrauen zurückgewonnen habe. Ich konnte mir selbst endlich wieder vertrauen und wusste, was mir guttut.

Heute weiß ich, dass es unwichtig ist, was oder wer ich bin. Heute lebe ich einfach aus dem Herzen und zeige mich mit allem, was ich habe. Meine Hülle ist unwichtig geworden. Und in dem Moment, als ich das nicht nur kapierte, sondern verinnerlichte, funktionierte es. Obwohl ich gar nicht mehr so stramm an diesem Ziel, Gewicht zu reduzieren, festhielt. Ich hatte mich geöffnet. Fürs Glücklichsein.

In meinem gesamten Leben änderte sich einiges. Auch beruflich traf ich neue Entscheidungen. Denn die Frage ›Was tut mir gut?‹ spiegelte sich in allen Lebensbereichen wider. Auch im Beruf. Ich widmete mich meinen Fähigkeiten, meinen Talenten und Stärken. Dieses Mal ohne jeden Kompromiss. Mit Volldampf ins Vertrauen quasi.

Der Weg zu mir selbst war sicherlich nicht einfach und keiner, der innerhalb von ein paar Tagen zu gehen ist, aber eins weiß ich für mich inzwischen ganz genau: Wer nur an seinem Körper und an den Symptomen arbeitet, wird merken, dass die Seele immer wieder schreit und sich mit körperlichen Symptomen in Form von Krankheiten bemerkbar macht.

Der Schlüssel zu einem befreiten Leben ist also: Hinhören und einen Blick in die Seele wagen, um die Symptome des Körpers verstehen zu können. Erst wenn die Seele sich verstanden fühlt, wird der Körper nicht mehr mit Protest reagieren müssen.

Das heutige Gewicht habe ich dem Ja zu mir selbst zu verdanken. Die bedingungslose Selbstliebe und das Vertrauen in mich waren die Schlüssel zu dem, was ich heute lebe. Ich liebe mich so, wie ich bin. Mit allem, auch den Kilos, die jetzt noch etwas üppig sind. Es ist für mich nicht mehr wichtig, schlank zu sein. Viel wichtiger ist, dass ich glücklich bin.«

Mit diesen Worten ging die Talkshow zu Ende. Der Moderator fand vor Rührung kaum Worte, bedankte sich aber bei seinen Gästen und verabschiedete sein Publikum. Dort sah man einige traurige und nachdenkliche, aber auch zuversichtliche und glückliche Gesichter, als die Menschen das Studio verließen. Beate hatte offenbar einige wachgerüttelt.

Eine berührende Nikolausgeschichte

Die Mutter schaute ihren fünfjährigen Jungen an, nachdem der Nikolaus die Geschenke verteilt hatte. »Wolltest du nicht noch etwas fragen?«

»Nikolaus, wie kommst du eigentlich in den Hümmel?«, fragte Henri.

»Ich fahre mit meinem Schlitten!«

»Aber Mama sagt, zum Schlittenfahren braucht man Schnee!«

»Ja, das stimmt auch, lieber Henri. Mein Schlitten kann aber auch durch die Luft fahren. Er hat Flügel.«

»Ach so. Und wo fährst du dann hin?«

»Na, in mein Haus, wo die Geschenke liegen.«

»Gibt es im Hümmel also auch Häuser?«, wollte Henri wissen.

»Ja, die gibt es.«

»Wohnt Omi vielleicht bei dir in der Straße? Die ist nämlich seit letztem Jahr auch da oben.«

»Ja, Henri, ich glaube, ich habe sie schon mal gesehen.«

Der kleine Junge stand auf, ging an den Schrank mit seinen Spielsachen und holt eine kleine Schachtel raus. Er streckt sie dem Nikolaus entgegen.

»Kannst du die zu Omi mitnehmen?«

»Aber ja, lieber Henri. Was ist denn darin?«

»Da ist ein Engel drin. Omi hat mir gesagt, er würde mich beschützen. Aber ich habe ja Mama und Papa, die mich beschützen. Das wusste Omi bestimmt nicht. Und vielleicht gibt es ja im Hümmel jetzt Kinder, die da oben ohne Eltern sind. Diese Kinder können das Engelchen dann bestimmt besser gebrauchen.«

Der Nikolaus war sichtlich gerührt. Eine Träne kullerte ihm in seinen Bart.

»Danke, Henri, ich werde deiner Omi das Engelchen mitnehmen und ihr deine Worte gern ausrichten.«

Gefühle dürfen sein

Caro hatte entschieden, selbst die Verantwortung für ihre Gefühle und Gedanken zu übernehmen. Manchmal empfand sie es als anstrengend, manchmal auch als eine Last, die aber oft im Nachhinein befreiend war.

Kürzlich war wieder so eine Situation. Ein Gespräch mit ihrer Oma, die jetzt fünfundachtzig war. Ihre Oma hatte drei Kinder großgezogen, den Krieg erlebt und oft ihren Mann stehen müssen. Dadurch hatte sie manchmal hart gewirkt. Für Gefühle war wenig Platz in ihrem Leben gewesen. Jetzt im Alter hatte sich das verändert. Sie war viel weicher, weinte schnell und ihr machte alles mehr aus als früher.

Als Caro sie das letzte Mal besuchte, lag ihre Oma im Bett, sie hatte sich nach dem Mittagessen nochmals hingelegt. Caro setzte sich zu ihr und nahm ihre Hand. Sie redeten, wie so oft, über Gott und die Welt.

Als sie für einen kurzen Moment kein Gesprächsthema hatten, streichelte die Oma Caros Bauch und sagte: »Caro, du musst gut aufpassen mit dem Essen. Irgendwann wird dein Bauch sonst noch größer als dein Busen.«

Wusch – das hatte gesessen. Es war nicht das erste Mal, dass ihre Oma Caro diesbezüglich kritisierte. Bislang geriet sie dann in die Rechtfertigungsposition, erzählte von ihren Superzielen, was das Abnehmen anbelangte, und merkte nicht, dass sie damit ihre verletzten Gefühle unterdrückte.

Dieses Mal war es anders.

Sie ließ spontan die Hand ihrer Oma los. Dann schluckte sie einmal und sagte: »Oma, wie oft noch willst du mir so etwas sagen? Mich verletzt das.«

Ihre Augen wurden wässrig. Aber sie fuhr fort: »Ich fühle mich selbst oft nicht gut genug. Indem du mir ständig sagst, dass ich mich verändern müsste, damit ich gut genug bin, fühle ich mich ungeliebt.«

Die Oma war irritiert: »Aber Liebes, so war das gar nicht gemeint. Ich meine es doch nur gut mit dir!«

Caro konnte nicht anders. Sie wurde laut: »Es geht nicht darum, wie du es meinst, sondern wie ich mich dabei fühle! Das ist mein Leben. Ich bin für mich verantwortlich und sonst niemand.«

Dann stand sie auf und ging, weil sie nicht wollte, dass es eskalierte. Außerdem konnte sie draußen endlich ihren Tränen freien Lauf lassen.

Ach, Mensch, so wollte das Caro jetzt auch nicht. Wie sich ihre Oma nun fühlen musste, so hilflos allein im Bett?

Caro fuhr zu ihrer Freundin, erzählte ihr alles und fragte: »Meinst du, ich soll zurückfahren, um Oma zu beruhigen? Ihr geht es jetzt bestimmt nicht gut. Und daran bin ich schuld. Wegen meines blöden Gewichts!«

Caros Freundin war in solchen Situationen Weltklasse. Sie meinte nur: »Caro, es ist gut, dass du endlich deine Gefühle, die ja wirklich da sind, auch wahrnimmst. Gut ist auch, dass du über sie sprichst. Damit bist du ganz bei dir. Deine Gefühle haben Berechtigung. Gib ihnen den nötigen Raum. Und vor allem: Gib auch deiner Oma etwas Zeit. Sie kannte dich bislang anders. Du hast im wahrsten Sinne des Wortes runtergeschluckt, was eigentlich raus wollte. Das ist völlig okay so. Du brauchst dich auch nicht schlecht zu fühlen, denn du bist für deine Gefühle verantwortlich und deine Oma für ihre. Wenn es ihr nun schlecht geht, dann trägst du nicht die Verantwortung dafür.«

Caro war zwar glücklich, dass die Freundin das so gesagt hatte, auf der anderen Seite fühlte sie sich aber für die Gefühle ihrer Oma verantwortlich. Das merkte sie ganz deutlich, während sie zuhörte. Sie durfte wohl noch lernen, sich selbst nicht für alles die Schuld zu geben.

Am nächsten Tag fuhr Caro wieder zu ihrer Oma, weil sie es nicht mehr aushielt. Aber es war gut, dass diese eine Nacht dazwischenlag. So war sie selbst wieder gelassener und konnte klar denken. Sie hatte sich fest vorgenommen, nicht wieder einzuknicken. Sie wollte endlich zu sich stehen, auch wenn das nicht allen gefällt.

Als sie das Wohnzimmer betrat, ergriff die Oma sofort das Wort: »Caro, Liebes, es war nie meine Absicht, dich zu verletzen. Ich bin froh, dass du mir das gesagt hast. Ich möchte dich aufrichtig um Verzeihung bitten.«

Daraufhin umarmte Caro ihre Oma. Ab diesem Zeitpunkt wurde nie mehr über das Thema Gewicht gesprochen.

Mein Chef lobt mich nie

»Die Kunden unserer Firma schätzen mich, ja. Aber mein Chef schätzt nicht, was ich tue, und behandelt mich, auf gut Deutsch gesagt, wie den letzten Dreck«, polterte Susanne los, als ihre Nachbarin Ute sie fragte, wie es so auf der Arbeit läuft. »Ich bekomme keine Überstunden vergütet. Die habe er nicht angeordnet. Das sei mein Privatvergnügen. Und andere Kollegen haben mehr Privilegien, obwohl sie viel kürzer im Unternehmen sind als ich. Sie können sich anscheinend nur besser vermarkten. Und das stößt mir gerade übel auf, weil ich seit zwei Wochen den Laden fast allein schmeiße und der Rest krankfeiert. Allein in den letzten zwei Wochen habe ich 190 Stunden gearbeitet.«

Ute hatte eine eigene Praxis als Heilpraktikerin. Deshalb liebte Susanne die Gespräche mit ihr. Sie konnte immer so einfühlsam auf sie eingehen. Und Susanne war um jedes Wort von Ute froh, wenn es ihr mal nicht so gut ging. Wie auch an diesem Tag.

»Anstatt einem ›Danke‹ von meinem Chef bekomme ich gerade nur Sachen genannt, die ich in der Zeit nicht geschafft habe. Und auf denen reitet er ausgiebig herum und macht mir ein schlechtes Gefühl. Aber ich bin ja selbst schuld. Keiner hat zu mir gesagt, ich müsse Überstunden machen. Ich mach es ja sogar freiwillig!«, regte Susanne sich weiter auf.

»Dein Chef ist super!«, sagte Ute süffisant grinsend.

Mit der Reaktion hatte Susanne jetzt nicht gerechnet.

»Was soll das jetzt heißen?«, fragte sie wütend und irritiert zugleich. Unglaublich! Jetzt fiel Ute ihr auch noch in den Rücken!

»Dein Chef spiegelt dir nur etwas Ungelöstes in dir. Schimpfe nicht über ihn, sondern sei ihm dankbar.«

»Das verstehe ich nicht. Wie meinst du das?«, wollte Susanne wissen.

»Erst einmal ist es wichtig, dass du würdigst, was du tust, auch wenn du dich gerade am liebsten dafür ohrfeigen würdest. Deshalb eine Frage: Was ist denn das Gute daran, dass du dich so auspowerst?«

»Das Gefühl, gebraucht zu werden, würde ich jetzt spontan sagen. Das Gefühl, etwas wert zu sein und etwas leisten zu können.«

»Okay, dann kennst du jetzt die positive Absicht, die dahintersteht. Damit kannst du es auf alle Fälle in Liebe annehmen. Das ist nämlich wichtig. Ein Muster, das dich schon länger begleitet, will gewürdigt werden, auch wenn du es eigentlich loswerden willst.

Alles, was du in Liebe annimmst, entmachtest du. Allem, was du wegstoßen willst, gibst du mehr Macht, als dir lieb ist. Und dann wird es dich beherrschen.«

»Weißt du, Ute, ich habe ein paar unschöne Erlebnisse in der Vergangenheit gehabt. Mein Ex-Mann hat mich wegen eines Teenagers verlassen, mit dem er schon über zwei Jahre ein Verhältnis hatte. Die junge Frau erwartete ein Kind von ihm. Das war ein Schlag ins Gesicht. Kurz zuvor hatte ich meine zweite Fehlgeburt. Dieses junge Ding hatte dann alles, was ich haben wollte. Einen Mann, der sie liebt, ein gemeinsames Kind, alles eben! Na ja, und dann habe ich mich in die Arbeit gestürzt und mich um meine Karriere gekümmert. Ich habe meine Gefühle ausgeschaltet und nur noch funktioniert. Aber ich bin jetzt an einem Punkt, wo ich merke: Das geht nicht mehr. Mein Akku ist leer. Ich kann nicht mehr!«

»Woher kennst du dieses Gefühl, das du gerade beschreibst? Wie war dein Verhältnis zu deinem Vater?«, fragte Ute, weil sie schon so eine Vorahnung hatte, was das Thema hinter dem Thema war.

»Mein Vater hat mich im Gegensatz zu meinem Bruder kaum beachtet. Während ich alle Pokale bei Reitturnieren gewann, war er nicht einmal anwesend, und gelobt hat er mich deshalb auch nie. Mein Bruder hingegen, er spielte Fußball, bekam sogar Anerkennung, wenn er Spiele verlor. Er hatte alles, was ich mir immer wünschte. Mein Vater kannte noch nicht einmal mein Pferd. Na ja und dann … es ist noch gar nicht so lange her, bekam mein Vater plötzlich einen Herzinfarkt. Du darfst nun raten, wer sich um ihn kümmerte. Genau: Ich! Obwohl mein Bruder viel mehr Anerkennung von ihm bekam, erklärte ich mich bereit, ihn zu pflegen«, kam es ganz traurig aus Susanne heraus.

»Hast du ihn aus Liebe gepflegt oder weil du wolltest, dass er dich beachtet und sieht, wer du wirklich bist?«

Susanne senkte den Kopf. Ihr liefen die Tränen über die Wangen. Sie schluchzte. Ute saß neben ihr und wusste, dass es nun wichtig war, diese Tränen rauszulassen. Susanne brauchte nicht zu antworten, ihr gesenkter Kopf und die Tränen waren Antwort genug.

»Aber es hat nicht funktioniert. Er beachtete mich wieder nicht so, wie ich es mir wünschte«, sagte sie schließlich.

»Ich weiß, liebe Susanne.« Ute nahm sie in den Arm. »Deine verletzte Kinderseele, sie hat sich nie mit deinem

Vater von früher ausgesöhnt. Sie sucht sowohl Anerkennung als auch Liebe und findet dann im Außen Männer wie deinen Ex-Mann oder deinen Chef, die dir diese Sehnsucht nur spiegeln, indem sie dich genauso behandeln. Sie können nichts dafür. Deshalb sei ihnen dankbar.«

»Aber wo finde ich denn diese Anerkennung, wenn nicht da, wo ich sie suche?«

»Liebe Susanne, alles, was du suchst, hast du bereits in dir. Du bist selbst für dein verletztes inneres Kind verantwortlich. Niemand anderer kann es beruhigen, lieben oder anerkennen. Das ist deine Aufgabe. Deine Aufgabe als Erwachsene.«

Susanne kamen wieder die Tränen. Ihr fiel es plötzlich wie Schuppen von den Augen. Sie verstand auf einmal so vieles und gleichzeitig schmerzte es. Sie fühlte die Trauer, die sie jahrelang verdrängt hatte. Ihr wurde bewusst, dass das Gefühl bei ihrem Chef und auch ihrem Ex-Mann dasselbe Gefühl war wie damals bei ihrem Vater. Sie fühlte sich nicht anerkannt, nicht wertgeschätzt. Ihr war klar:

>»Wenn ich mich mit dem Vater meiner
Kindheit nicht aussöhne, werde ich
immer wieder Männer in meinem Leben
anziehen, die mir genau das spiegeln.«

»Wie kann ich denn meinem verletzten inneren Kind geben, was es braucht?«, wollte Susanne wissen.

»Da gibt es viele Möglichkeiten. Das Wichtigste dabei ist, dass du fühlst! Du kannst geführte Meditationen machen, da gibt es sehr viele. Du kannst auch gedanklich die Kleine in den Arm nehmen. Du kannst aber auch etwas sehr Einfaches machen. Nimm ein Kinderfoto von dir und sprich mit der kleinen Susanne, die sich damals verletzt und nicht anerkannt gefühlt hat. Sage ihr, dass du nun für sie da bist. Dass du dich als Erwachsene um sie kümmerst. So hast du sie immer vor Augen, vergisst sie nicht und kannst jederzeit mit ihr in Kontakt treten.

Bei mir steht übrigens auch ein Kinderfoto im Badezimmer. Wenn die Kleine in mir mal besonders viel Aufmerksamkeit braucht, kann es passieren, dass ich Herzensmusik anmache und den Rahmen auf meine Brust lege und liebevoll oder auch weinend mit ihr durchs Wohnzimmer tanze. In solchen Momenten bin ich froh, wenn mich niemand sieht«, lachte Ute »Und morgens begrüße ich die Kleine und sage ihr etwas Liebevolles. Manchmal, wenn es mir besonders gut geht, erzähle ich der Kleinen auch, was aus ihr geworden ist: eine tolle Frau!«

»Ja, Ute, das bist du wirklich«, lachte Susanne mit.

Liebst du, was du tust?

Jakob kam wie jeden Abend total erschöpft von der Arbeit nach Hause. Seine zwei Kinder kamen ihm schon entgegengesprungen und wollten mit ihm spielen, aber er war mit seinen Kräften am Ende. Er bat seine Frau, ihm die Kinder an diesem Abend abzunehmen, ansonsten würde er womöglich noch zusammenbrechen.

Ständig dieser Erfolgsdruck! Der ließ ihn seelisch kaputt gehen. Den machte er sich natürlich zum größten Teil selbst, aber er hatte eine Familie zu ernähren, und die Schulden vom Haus mussten abbezahlt werden. Deshalb hatte er gar keine andere Wahl. Es musste Geld ins Haus, egal wie. Er musste diesen Job im Außendienst machen. Und sein Ansehen als Verkaufsleiter wollte er auch nicht verlieren. Er war quasi das Paradebeispiel für Erfolg. Das war im ganzen Betrieb so, und er wurde gern zu Mitarbeitergesprächen und Meetings eingeladen, um sein Fachwissen zu vermitteln und anderen zu zeigen, wie man erfolgreich verkauft.

Nachdem seine Frau die Kinder zu Bett gebracht hatte, setzte sie sich zu Jakob auf das Sofa. Er spürte plötzlich ein Stechen in seiner Brust. Er fasste sich mit seiner Hand an den Brustkorb. Ihm war sofort klar: Das war kein gutes Zeichen.

Ohne großartig nachzudenken, sagte er zu seiner Frau: »Martha, ruf bitte einen Rettungswagen. Ich habe Herzstechen.«

Er atmete tief ein und wieder aus, um sich selbst zu beruhigen. Martha zögerte keine Sekunde, so verunsichert kannte sie ihren Jakob nicht. Sie wählte die Notruf-Nummer und bat um Hilfe. Es dauerte auch nicht lange und man hörte das Martinshorn aus der Ferne. Rettungswagen und Notarzt trafen zur selben Zeit ein. Martha lief sofort an die Tür, um ihnen zu öffnen.

Genau in diesem Moment stieß Jakob einen tiefen Seufzer aus, fasste sich erneut ans Herz und klappte in sich zusammen. Die Sanitäter waren sofort mit der Trage zur Stelle, und der Notarzt leistete Erste Hilfe. Martha spürte, dass Jakob dem Tod gerade von der Schippe gesprungen war. Die Sanitäter trugen ihn in den Rettungswagen. Sie durften keine Zeit verlieren. Es ging alles so schnell, dass Martha nicht wusste, wo ihr der Kopf stand.

Die Nachbarn standen am Zaun nebenan, weil sie den Rettungswagen gehört hatten. Martha schaute sie Hilfe suchend an und fragte fast panisch: »Könnt ihr zu uns kommen und auf die Kinder aufpassen, falls sie wach werden sollten?«

»Aber sicher doch, wir bleiben hier, so lange es notwendig ist. Verlass dich auf uns. Fahr du beruhigt mit ins Krankenhaus und gib auf dich acht.«

Martha war zwar alles andere als ruhig, aber sie wusste, dass auf ihre Nachbarn Verlass war.

Auf der Fahrt ins Krankenhaus wurde Jakob, so gut es ging, erstversorgt. Aber Martha sah an den Gesichtern der Sanitäter, dass es ernst war. Und dann kam es plötzlich. Dieses schrille, lang anhaltende Piepsen.

Herzstillstand.

Martha saß wie versteinert da. Der Notarzt versuchte, Jakob zu reanimieren. Sein Körper lag leblos da und zuckte bei jedem Versuch. Martha wurde kreidebleich.

In diesen Minuten des Herzstillstands konnte Jakob ein weißes Licht sehen. Er wurde willkommen geheißen in einer Welt, die ihm alles andere als fremd erschien. Wärme breitete sich in seinem Körper aus. Er fühlte sich wie heimgekommen.

Doch dann.

Sein Herz fing wieder an zu schlagen.

Der Notarzt hatte es geschafft. Martha wusste nicht, wohin mit ihren Gefühlen, die, wie eine Achterbahn, zwischen Angst und Trauer, Hoffen und Bangen rauf- und runtersausten.

Endlich kamen sie im Krankenhaus an. Jakob wurde in die Notaufnahme gerollt und Martha setzte sich auf einen der Wartestühle im Gang. In diesem Moment löste sich ihre innere Starre, und es flossen die Tränen über ihre Wangen.

Die Dame, die neben ihr saß, reichte ihr mitfühlend ein Taschentuch.

Martha betete zum lieben Gott. Etwas anderes konnte sie in diesem Moment eh nicht tun.

Es dauerte ungefähr zwei Stunden, bis der Kardiologe endlich den Gang betrat und Martha zu sich bat. Sie zitterte am ganzen Körper. Der Arzt beruhigte sie und erklärte ihr, dass Jakob einen schweren Herzinfarkt gehabt habe und sich nun erholen müsse. Damit dies wirklich gewährleistet sei, hätten sie sich für ein künstliches Koma entschieden. Sie brauche sich allerdings keine Sorgen zu machen: Er sei übern Berg, aber er brauche nun wirklich

Ruhe. Deshalb solle Martha erst mal nach Hause fahren und sich ausschlafen.

Nach diesem Gespräch konnte Martha zumindest etwas durchatmen. Sie rief sich ein Taxi.

Sie besuchte Jakob jeden Tag im Krankenhaus, erzählte ihm von den Kindern und was sonst in ihrem Leben passierte, denn sie vertraute darauf, dass er es spüren würde, wenn sie da war. Und dass es ihm guttue, wenn sie mit all ihrer Liebe präsent sei.

Jakob spürte es tatsächlich. Für ihn war das künstliche Koma, als wäre er einerseits wach und doch am Schlafen. Eine seltsame Mischung. Er bekam alles mit, hatte aber die Augen geschlossen.

Und dann kam dieser Morgen, an dem er wieder spürte, dass jemand da war. Aber irgendwie anders als sonst. Vor seinen Augen wurde es ganz hell.

Eine Stimme fragte: »Jakob, bist du bereit, dir anzuschauen, wieso du hier bist?«

Jakob war irritiert. Er fragte sich, was das denn jetzt wohl war.

»Ich bin dein Schutzengel. Du kannst mir vertrauen, ich bin hier, um dir zu helfen.«

Wie konnte das sein? Er hatte doch gar nichts gesagt. Scheinbar konnte er im Geiste kommunizieren. Seltsam.

»Ja, ich kann dich hören!«

»Bisher habe ich nicht wirklich an Engel geglaubt, aber irgendwie scheint mir, als soll es nun so sein.«

»Jakob, es hat einen Grund, wieso du hier bist. Du hattest einen Herzinfarkt. Dein Herz leidet.«

»Aber ich liebe meine Frau. Und ich liebe meine Kinder.«

»Es ist nicht die Familie. Dein Beruf, Jakob. Was ist mit deinem Job?«

»Den mache ich gut. Ich bin erfolgreich, ich bin gut gelitten, und mein Chef ist stolz auf meine Leistung.«

»Liebst du, was du tust?«

»Ich muss halt Geld verdienen. Du weißt ja sicherlich auch, dass ich ein Haus habe, die Schulden müssen getilgt werden. Dann meine Familie. Ich bin Vater von zwei Kindern. Da muss einfach Geld ins Haus.«

Doch der Schutzengel ließ nicht locker. Er fragte wieder: »Liebst du, was du tust?«

»Wenn ich ehrlich bin: Es ist für mich der größte Stress, immer alle zufriedenstellen zu müssen und große Aufträge zu schreiben. Die Liebe hat in meinem Job nichts verloren. Geld und Erfolg sind wichtig.«

»Was sagt dein Herz dazu?«

»Es leidet«, antwortete Jakob, ehrlich sich selbst gegenüber. Plötzlich weinte er bitterlich.

»Ja, ich weiß. Deshalb bin ich hier. Ich möchte dir etwas zeigen. Kannst du dich an Leo erinnern?«

»Ja, er ist der neue Außendienstmitarbeiter. Bisher hat er noch keine großen Aufträge geschrieben und ist eher unauffällig.«

»Leo hat nun deine Kunden übernommen, während du im Krankenhaus bist. Er betreut sie und akquiriert dazu noch Neukundengeschäft. Und ich möchte dir zeigen, wie er das tut.«

Wie in einem Film konnte er nun Leo bei der Arbeit zuschauen. Er saß bei einem von Jakobs Großkunden, und Jakob konnte hören, wie sie miteinander sprachen. Leo war bemüht, den Kunden glücklich zu machen. Er nahm Verträge auseinander, stellte neue aus, und unterm Strich hatte Leo sogar ein Minusgeschäft gemacht. Aber das war ihm egal. Er fühlte sich gut damit, und der Kunde war glücklich.

»Ja, kein Wunder, dass der Kunde nun glücklich ist. Er muss ja nun weniger bezahlen als vorher. Nun hat Leo mir meine Folgeprovision versaut«, schimpfte Jakob vor sich hin.

»Ich verstehe dich, Jakob, aber schau weiter«, sagte der Schutzengel.

Leo ging zu einem Interessenten, den er als neuen Kunden gewinnen wollte. Das Gespräch war faszinierend. Leo ging es nicht darum, dass er große Aufträge abschloss, sondern darum, dass er sich gut fühlte und der Kunde glücklich war. Und das merkte der Kunde.

Sie besprachen auch Privates miteinander, es war alles so herzlich, dass Jakob gar nicht mehr aus dem Staunen rauskam. Das Beste war aber dann der Schluss: Der Interessent unterschrieb einen Auftrag, ohne dass Leo ihn großartig überzeugen musste.

Jakob spürte eins ganz deutlich: Leo war mit Herz bei der Arbeit. Er tat es nicht, weil er Geld verdienen musste. Leo wollte seine Arbeit mit Freude erledigen. Und er war sich sicher, dass er so auch zum Erfolg kam.

Jakob durfte Leo noch den ganzen Tag bei der Arbeit zuschauen, und allmählich bekam er eine Ahnung davon, wieso der Schutzengel ihm das alles zeigte. Als Leo dann abends zu seiner Familie kam, begrüßten ihn die Kinder. Leo war ausgeglichen und nicht gestresst. Er freute sich, endlich mit seinen Kindern spielen zu dürfen.

Jakob fielen die Schuppen von den Augen.

Leo liebte, was er tat, und schnitt sich nicht Tag für Tag von seinem Herzen ab, wie Jakob es machte. Leo nahm es mit zur Arbeit. Er arbeitete nicht des Geldes wegen, sondern damit er Freude in der Welt verbreiten konnte.

»Danke, Schutzengel, ich denke, ich weiß nun, wieso ich das alles sehen durfte.«

»Gern. Und ich freue mich, dass ich für dich da sein konnte. Wenn du mich brauchst, bin ich da, aber das weißt du ja nun. Zögere nicht, mich zu rufen.«

»Das werde ich, ganz sicher sogar.«

Es dauerte noch ein paar Tage, bis die Ärzte entschieden, das Schlafmittel zu reduzieren. Tag für Tag wurde es weniger und so kam der Moment, in dem Jakob die Augen öffnete. Er schaute in die grünen Augen von Martha. Sie beugte sich über ihren Mann und gab ihm überglücklich einen zarten Kuss auf den Mund.

Jakob flüsterte »Jetzt wird alles gut, ich weiß, wieso ich hier bin.«

Auch wenn Martha das alles noch nicht verstehen konnte, so spürte sie doch Jakobs Zuversicht und Gelassenheit.

Eine Woche später, nachdem Jakob wieder bei Kräften war und Martha inzwischen erzählt hatte, was ihm widerfahren war, wurde er entlassen. Ihm wurde eine Reha empfohlen, aber er wusste, was seine beste Erholungsmaßnahme war. Und so rief er spontan bei seinem Chef an, der sich sehr freute, Jakobs Stimme zu hören. Jakob war es wichtig, ein Gespräch mit ihm zu führen, auch wenn er noch nicht sofort einsatzbereit war.

Als Jakob den Betrieb betrat, wurde ihm plötzlich ganz warm. Er wusste, dass er es nun in der Hand hatte, im Kleinen ganz Großes zu bewirken. Er klopfte an der Tür seines Chefs, der ihn mit offenen Armen begrüßte.

Jakob traute sich, ihm in diesem Gespräch alles zu erzählen, auch auf die Gefahr hin, dass der ihn für verrückt erklären würde. Dass ihm sein Schutzengel begegnet sei und dass er Leo bei der Arbeit hatte zuschauen dürfen. Er erzählte, was sein Plan war. Nämlich die Werte im Unternehmen neu zu sortieren. Liebe und Vertrauen sollten mehr in den Vordergrund gerückt werden.

Und dann geschah etwas, womit Jakob im Leben nicht gerechnet hatte. Sein Chef stand auf, nahm einen dicken roten Edding in die Hand und ging an das Flipchart. Er zeichnete ein großes Herz dorthin und schrieb »Danke, Jakob« darunter.

Das trieb Jakob sofort Tränen in die Augen, obwohl er eigentlich ein gestandener Mann war. Seit dem Herzinfarkt und der Begegnung mit seinem Schutzengel war er jedoch sensibler geworden. Sein Chef ging auf ihn zu, Jakob stand auf, und dann umarmten sie sich wie zwei Freunde, die gerade begriffen hatten, worauf es im Leben wirklich ankommt.

Daraufhin sagte Jakob, dass der Chef bitte Leo ins Zimmer rufen solle, der zum Glück an diesem Tag im Haus war. Leo klopfte, trat ein und war froh, Jakob zu sehen, obwohl sie sich kaum kannten. Jakob reichte ihm die Hand, zog ihn aber dann in seine Arme. Das war für Leo ein deutliches Zeichen, dass er seinen Job gut gemacht hatte, obwohl kein Wort darüber gesprochen wurde. Sie setzten sich gemeinsam an den Tisch, doch Jakob erhob sich wortlos wieder. Er ging zum Flipchart, nahm den Edding und strich seinen Namen, den der Chef ans Herz geschrieben hatte, durch. Stattdessen schrieb er »Leo« dorthin.

Obwohl kaum gesprochen wurde, hatte dieses Treffen eine Intensität, die kaum auszuhalten war. Jakob und sein Chef wussten, was in den nächsten Tagen zu tun war. Sie fragten Leo aus und beschlossen, dass sie zu dritt nun eine gravierende Änderung im Betrieb vornehmen wollten.

Jakob war noch nicht ganz einsatzfähig, aber mit dem Herzen bei sich und Leo an seiner Seite konnte er das Notwendigste tun. Und die Priorität lag nun ganz klar darauf, die Mitarbeiter für die Zukunft nicht mehr nur zu schulen, viele und große Aufträge zu schreiben, sondern sie darauf zu fokussieren, dass sie ihren Job mit Liebe erledigen und am Feierabend glücklich nach Hause fahren. Sowohl Jakob als auch Leo und der Chef waren fest davon überzeugt, dass sie die Menschenherzen nur auf diesem Weg glücklicher machen konnten. Sowohl im Unternehmen selbst als auch bei den Kunden.

Was in den darauffolgenden Wochen in diesem Unternehmen passierte, war einfach wunderbar: Es wurde viel mehr miteinander gelacht, die Angestellten wirkten ausgeglichener, und sie liebten ihre Arbeit.

Und es geschah etwas, was niemand für möglich gehalten und womit auch niemand gerechnet hatte, weil es nicht mehr der Plan war: Sie verdoppelten mit weniger Anstrengung und mehr Freude ihren Umsatz.

Da es ein Franchisebetrieb neben dreißig anderen in Deutschland war, machte das sehr schnell die Runde. Die anderen Betriebe fragten sich, was da vor sich ging. Und so freuten sich schon alle auf die nächste Tagung, zu der sämtliche Franchisenehmer eingeladen waren.

Der Vorstandsvorsitzende begrüßte alle und ging von einem Tagungspunkt zum nächsten. Vor der Mittagspause stand auf der Agenda »Austausch Franchisenehmer zur Umsatzsteigerung«.

Allen Teilnehmern war schon vorher klar, wer diesen Beitrag federführend leiten würde. Und so kam es auch. Jakobs Chef wurde gebeten zu erzählen, was sie in ihrem Unternehmen so radikal verändert hatten, dass eine Umsatzsteigerung in einem solchen Umfang möglich gewesen sei.

Und so erzählte er alles. Jakob hatte ihm die Erlaubnis gegeben. Egal, wie verrückt es sich anhörte: Er sprach vom Herzinfarkt, über den Schutzengel, über die Arbeitsweise von Leo. Alle hörten gespannt zu, einige guckten verwundert, aber irgendwie waren sie alle fasziniert, weil Jakobs Chef etwas ausstrahlte, was sich jeder wünschte: Gelassenheit. Er schien einfach glücklich.

Jakobs Chef endete mit dem Satz: »Und so kann ich sagen, dass es etwas gibt, was uns allen geholfen hat, glücklicher, gelassener und erfolgreicher zu werden: Es war die Liebe. Die Liebe hat uns alle gerettet. Und wer weiß: Vielleicht hat sie sogar mich vor einem Herzinfarkt oder einem Burn-out bewahrt. Deshalb bin ich dankbar für alles, was in den letzten Wochen passiert ist.«

Die Teilnehmer wussten, das war der Schlusssatz. Aber niemand konnte etwas sagen, keiner konnte klatschen. Alle saßen dort, in Gedanken versunken, teilweise wie versteinert, manche konnten sich die Tränen nicht verkneifen und wären lieber allein gewesen. Es hatte noch nie einen Tagungspunkt gegeben, bei dem so viele Emotionen spürbar waren. Der Vorstandsvorsitzende bedankte sich bei Jakobs Chef und läutete, auch sichtlich gerührt, die Mittagspause ein.

Nach der Pause ging die Tagung zwar ordnungsgemäß weiter, aber irgendwie spürten alle, dass sich jetzt etwas Grundlegendes verändern würde.

Zwei Wochen später wurde Jakob ins Büro des Chefs gerufen. Er sagte, er habe ein Fax für ihn. Jakob las, was der Vorstandsvorsitzende des Unternehmens an alle Franchisebetriebe gefaxt hatte.

»Hallo ihr Lieben,

ich denke, die letzte Tagung hat in uns allen Spuren hinterlassen. Und ich möchte mich für den Austausch bedanken, ganz besonders bei Jakob und seinem Schutzengel.

Nachdem ich nun mit allen von euch Rücksprache gehalten habe, habe ich eine Entscheidung im Sinne aller getroffen: Die Wettbewerbe, die jetzt noch laufen, werden mit sofortiger Wirkung eingestellt. Stattdessen werde ich persönlich jeden Betrieb besuchen, um alle Mitarbeiter kennenzulernen.

Das Geld, das von den einzelnen Betrieben in die Gemeinschaftskasse geflossen ist, um die Wettbewerbe zu finanzieren, wurde zurücküberwiesen und steht euch somit wieder zur freien Verfügung.

Des Weiteren habe ich beschlossen, ein gemeinsames Grillfest zu organisieren, wo alle Mitarbeiter, auch das Reinigungspersonal, aller Betriebe samt Familie eingeladen werden. Auch für Kinderbetreuung wird gesorgt sein.

Bitte macht mir eine Liste aller Anschriften eurer Mitarbeiter, damit ich diesen persönlich eine Einladung zukommen lassen kann.

Ich freue mich auf die Zwischenmenschlichkeit und die Liebe, die durch unsere Herzen zu den Mitarbeitern fließt.

Auch die Kunden werden es spüren, und ich bin mir sicher, dass wir dazu beitragen, dass das gesamte Menschenbild liebevoller gestaltet wird.

Vielen Dank, dass auch ihr eure Herzen geöffnet habt. Ihr seid großartig! Jeder Einzelne von euch!«

Nachdem Jakob diese Zeilen gelesen hatte, liefen ihm die Tränen übers Gesicht. Er umarmte seinen Chef. Sie waren glücklich, dass sie sich getraut hatten, ihrem Herzen zu folgen und sich mit ihren Emotionen so offen zu zeigen.

Adoption des Herzens

»Was soll ich bloß tun? Unsere Ehe läuft alles andere als rund. Am liebsten würde ich mich trennen, aber das kann ich doch meinen Kindern nicht antun, oder?«, seufzte Conny.

Ihre Freundin Tamara brauchte da nicht lange zu überlegen.

»Du weißt doch, wie ich darüber denke. In meinen Augen können die Eltern, die in sich glücklich sind, ihren Kindern am ehesten Liebe, Wertschätzung und Geborgenheit vermitteln. Weil sie das alles selbst auch in sich tragen. Glückliche Eltern geben aus der Fülle. Das ist ein anderes Geben als das aus dem Mangel. Denn im Mangel erwartet man beim Geben meist etwas zurück. Wenn es dir also in deiner Ehe so schlecht geht, dass du unglücklich bist, dann ändere etwas! Wie dieses ›Ändern‹ allerdings konkret aussieht, kann ich dir auch nicht sagen.«

»Mit einer Eheberatung haben wir es schon versucht, aber wir kommen einfach auf keinen grünen Zweig. Wir haben uns in völlig andere Richtungen entwickelt. Ich habe an mir gearbeitet und mir wird immer bewusster, dass ich in meinen bisherigen Beziehungen, auch mit meinem jetzigen Mann, keine Liebe gelebt habe.«

»Was hast du dann gelebt?«, fragte Tamara interessiert.

»Das Gebrauchtwerden. Ich habe meinen Mann gebraucht, damit meine Kinder einen Vater hatten. Ich habe ihn gebraucht, damit er mir finanzielle Sicherheit gibt. Ich habe ihn gebraucht, um mich geliebt zu fühlen, weil ich es selbst nicht tat. Ja, ich habe ihn für alles Mögliche gebraucht. Aber geliebt habe ich nicht wirklich. Ich glaube heute, dass ich es gar nicht konnte. Gerade entdecke ich ja erst die Selbstliebe wieder. Und je mehr ich diese für mich fühlen kann, spüre ich gleichzeitig, dass das, was ich mit meinem Mann lebe, unehrlich ist. Unehrlich mir selbst gegenüber, unehrlich meinem Mann gegenüber und unehrlich den Kindern gegenüber! Verstehst du, was ich meine?«

»Und wie gut ich das verstehe! Dann kennt dein Herz ja die Antwort schon.«

»Ja, das denke ich schon länger. Aber ich habe Angst. Meine Familie wird mich mit Argusaugen betrachten, sie können mich überhaupt nicht verstehen, und die Leute im Dorf, sie werden auch reden«, meinte Conny etwas traurig.

»Ich kenne das Gefühl sehr gut, das du da beschreibst. Du willst zu dir stehen und weiterhin zur Familie und Dorfgemeinschaft gehören, denkst aber, dass beides zusammen nicht möglich ist, kann das sein?«

»Du hast es erfasst!«

»Also ich konnte für mich eine Erfahrung machen: Wenn ich wirklich zu mir selbst gestanden habe und Entscheidungen mit meinem Herzen getroffen habe, dann war es schlussendlich nicht mehr wichtig, wie das Ergebnis war. Das Allerwichtigste in den Prozessen war, dass ich mir selbst treu geblieben bin. Dass ich mich nicht verleugnet habe, um anderen gerecht zu werden, auch auf die Gefahr hin, wichtige Beziehungen aufs Spiel zu setzen. Dass ich mir selbst, wenn auch auf wackeligen Beinen, im Spiegel in die Augen schauen konnte und für mich wusste: Genau so und nicht anders! Und das Interessante daran war für mich jedes

Mal: Nach solchen Entscheidungen fügte sich alles irgendwie wie von selbst. Ich kann das jetzt auch nicht so richtig beschreiben, aber es war so, als wenn da oben jemand mithilft und den Rest dazutut.«

»Das hört sich so gut an, Tamara! Ich habe auch irgendwie die Hoffnung, dass es bei mir so sein wird, aber wissen tue ich es halt noch nicht.«

»Dann vertraue mir einfach, ich weiß es schon!«, lächelte Tamara ihre Freundin ermutigend an.

Diesem Gespräch folgten viele weitere, in denen sich Zweifel, Ängste und Unsicherheit von Conny spiegelten. Aber irgendwann war sie an dem Punkt, wo sie deutlich spürte: Jetzt ist es so weit. Und so nahm sie all ihren Mut zusammen und trennte sich von ihrem Mann. Wie schon fast erwartet, beschimpfte ihre Familie sie: Sie sei verantwortungslos, was sie nur ihren Kindern antue und dass sie ja nun wohl völlig durchgeknallt sei. Aber egal, was andere Menschen sagten, Conny wusste, dass sie sich selbst treu bleibt. Und egal wie anstrengend es war, durch diesen Prozess hindurchzugehen, sie würde es für sich tun. Und für ihre Kinder. Sie vertraute darauf, dass ihr Herz sie in die Liebe leitet, auch wenn sie zu dem Zeitpunkt noch nicht wusste, wie das genau aussehen würde.

Monate vergingen, bis Conny eine neue Wohnung gefunden hatte und mit ihren zwei Kindern umziehen konnte. In den Nachbarort, in ein Haus mit vier weiteren Mietwohnungen. Recht schnell lernte sie den Mieter nebenan kennen. Es war Rainer, ein attraktiver Mann, zweiundvierzig Jahre, der im Rollstuhl saß. Er kam trotz seiner Behinderung im Leben prima zurecht und war froh, dass endlich noch mal Leben ins Haus kam. Er liebte Kinder nämlich über alles, auch wenn er selbst keine hatte.

Conny und Rainer saßen bei gutem Wetter oft draußen, sie quatschten über Gott und die Welt und die Kinder fühlten sich in seiner Gegenwart einfach wohl. Er hatte so viel Humor, war sensibel und respektvoll. Eine tolle Freundschaft hatte sich innerhalb kurzer Zeit entwickelt, und alle genossen die neue Situation. Irgendwann musste Conny an die Worte ihrer Freundin Tamara denken, die auch oft zu Besuch kam. Jetzt war Conny sich auch sicher, dass die Entscheidungen des Herzens einem neue Begegnungen ins Leben bringen, an die man zuvor nicht geglaubt hat.

Es gab einen Sommerabend, die Kinder waren schon im Bett und Conny saß mit ihrem Nachbarn bei einem Glas Rotwein draußen. Conny war es ein Bedürfnis, Rainer etwas zu sagen.

»Weißt du, Rainer, ich glaube, du bist der erste Mensch, der meine Kinder so nimmt, wie sie sind. Du hast sie nie verurteilt und hast mit ihnen einen besonderen wertschätzenden Umgang. Sie lieben dich einfach.«

Rainers Augen füllten sich mit Tränen. Tränen der Rührung. Weil es genau so war. Er liebte Connys Kinder bedingungslos.

»Ja, ich habe deine Kinder in mein Herz geschlossen. Sie sind halt so, wie sie sind. Jedes für sich ist auf seine Art einzigartig. Eine Adoption des Herzens kann schnell gehen. Vor allem ist sie so unbürokratisch ohne jegliche Papiere«, lächelte Rainer.

»Und es tut ihnen so gut!«

»Nicht nur ihnen, mir auch!«

Liebe irritiert

Frau Lenden war eine Lehrerin, wie Kinder es gern hatten. Feinfühlig genug, um die Bedürfnisse ihrer Schüler wahrzunehmen, gleichzeitig tough, sodass alle den nötigen Respekt vor ihr hatten. Die Eltern bekamen vor dem Elternsprechtag meist mehr Muffensausen als die Schüler, denn Frau Lenden besaß die Fähigkeit, die Themen zu erkennen, die hinter den Verhaltensmustern der Schüler steckten. Deshalb urteilte sie auch nicht über ihre Schüler, sondern liebte sie, jeden auf seine Weise.

Sie konnte den Menschen vom Verhalten trennen. Und das machte sie als Lehrerin aus. Obwohl sich die Schüler manchmal derart verhielten, dass man sie auf den Mond schießen wollte, war ihr klar, dass alle Verhaltensmuster, die der Auffälligkeit dienten, meist nur ein Schrei nach Liebe waren. Und genau deshalb wusste sie: Nur weil sich einer verkorkst verhält, ist er noch lange kein schlechter Mensch.

Die Lehrerin übernahm nun die Klasse 8b als Schwangerschaftsvertretung. Einer der Schüler, Max Merker, war gleich besonders auffällig. Er störte den Unterricht, wo es nur ging, und versuchte die Lehrerin ständig aus dem Konzept zu bringen. Er ließ sich zum Beispiel von jemandem anrufen, damit sein Handy klingelte, obwohl Handyverbot herrschte. Oder er formte Papierkügelchen, die er im Mund befeuchtete und dann mit voller Wucht durch ein leeres Tintenkillerröhrchen auf andere Schüler feuerte. Es tat verdammt weh, wenn die Kügelchen auf der nackten Haut landeten, und so brüllte regelmäßig jemand laut und wütend »Aua« durch die Klasse.

Frau Lenden war schnell klar, dass Max das alles nur der Aufmerksamkeit wegen machte. Scheinbar fühlte er sich klein und wollte sich mit diesem Verhalten größer machen. Er wollte gesehen werden. Er wollte wahrgenommen werden. Um jeden Preis.

Und dann gab es diesen besagten Tag, der alles änderte. Als Frau Lenden sich zur Tafel drehte und anfing, etwas zu schreiben, hörte man nur ein kurzes »Titsch« und ein Papierkügelchen landete an ihrem Hals. Frau Lenden fasste sich reflexartig dorthin und drehte sich um. Sie wusste genau, dass Max dahintersteckte, und ging zu ihm.

Sie atmete einmal tief durch und sagte: »Max Merker, du wirst heute Nachmittag eine Strafarbeit schreiben. Du schreibst einhundertmal auf ein Blatt Papier folgenden Satz: Frau Lenden liebt mich so, wie ich bin!«

Irritiert guckten die Schüler Frau Lenden an. Damit hatte wohl niemand gerechnet. Max war auch durcheinander und hatte keine Worte, nickte aber zustimmend. Und so setzte er sich am Nachmittag hin und schrieb diesen Satz einhundertmal.

Als er am nächsten Tag in der Schule die Strafarbeit abgab, lächelte er Frau Lenden an. Sie lächelte zurück. Es war, als wenn sich irgendetwas verändert hätte. Als wenn sie sich anders begegneten. Auf Augenhöhe. Dieser Blick war von Liebe gezeichnet. Und genau das war ihr Ziel: Dass sich die Schüler geliebt fühlten, auch wenn sie mal Mist bauten. Ab dem Tag ging es besser. Max war zwar immer noch nicht der Friedlichste, aber die prekären Situationen hielten sich in Grenzen.

Bis zu jenem Tag, an dem er das dritte Mal unentschuldigt seine Hausaufgaben nicht gemacht hatte. Frau Lendens Pflicht war es, ihn ins Klassenbuch einzutragen, woraufhin Max völlig unerwartet ausrastete. Er ging nach vorne ans Pult und fing an, Frau Lenden mit geballten Fäusten zu beschimpfen. Doch sie war nicht aus der Reserve zu locken. Unglaublich, welche Ruhe sie in diesem Moment ausstrahlte. Sie packte Max an den Handgelenken und schaute ihm so lange in die Augen, bis er sich beruhigte. Sie war klar im Kopf, in ihrer Mitte ruhend und machte eine deutliche Ansage. »Max, du wirst heute Nachmittag wieder eine Strafarbeit schreiben. Dieses Mal schreibst du einhundertmal den Satz: Obwohl ich mich daneben benommen habe, liebt Frau Lenden mich immer noch.«

Dieser Satz hatte gesessen!

Damit hätte wieder kein Mensch gerechnet, am allerwenigsten Max. Und auch dieses Mal schrieb er wieder den Satz, wie es ihm aufgetragen wurde. Doch dieses Mal bewegte sich mehr in ihm. Als er am nächsten Tag die Strafarbeit abgab, fragte er, ob Frau Lenden für ein Gespräch Zeit hätte. Sie machten einen Termin für den kommenden Freitag aus, an dem Max auch nachmittags Unterricht hatte. So hatten sie in der Mittagspause etwas Zeit. Er nahm all seinen Mut zusammen und erzählte der Lehrerin von daheim. »Wissen Sie, Frau Lenden, bei mir zu Hause ist es ziemlich traurig. Meine Mutter lässt sich von meinem Vater schlagen, der wiederum trinkt jeden Abend Alkohol und ich bin sowieso für nichts gut genug und werde bloß rumkommandiert!«

Max konnte bei diesen Worten seine Tränen kaum zu-rückhalten. Wo er sonst immer den Starken markierte, zeig-te er nun seine verletzte Seite.

»Egal, was ich mache, ich mach es nie gut genug. Des-halb habe ich auch gar keine Lust mehr, gute Noten zu schreiben oder mein Zimmer aufzuräumen. Es reicht ja eh nie aus. Ich werde nur beschimpft, höre meine Eltern den halben Tag streiten und würde am liebsten weglaufen.«

Frau Lenden hatte schon lange so etwas geahnt und war froh, dass Max ihr nun alles anvertraute. Sie hörte ihm auf-merksam zu und versicherte mitfühlend, dass sie dieses Ge-spräch vertraulich behandeln würde. Am Ende versprach sie Max, dass sie am bevorstehenden Elternsprechtag ihr Best-mögliches tun würde, um zwischen ihm und den Eltern zu vermitteln, obwohl sie sich auch bewusst war, dass dieses Gespräch wahrscheinlich nur ein Tropfen auf den heißen Stein sein würde, aber sie wollte nichts unversucht lassen.

Dann war er da, der besagte Elternsprechtag. Max' Eltern hatten um elf Uhr einen Termin. Sie waren schon gespannt, was Frau Lenden dieses Mal zu erzählen hatte. Sie setzten sich ans Pult, und Frau Lenden schwieg. Sie schaute den Eltern in die Augen und sagte einfach nichts. Max' Eltern guckten sich irgendwann irritiert an. Schließlich fragte sei-ne Mutter verunsichert: »Würden Sie uns bitte sagen, wieso Sie uns so ansehen und nichts sagen?«

»Vielleicht möchten Sie mir etwas sagen?«, entgegnete sie.

»Was sollen wir Ihnen schon sagen!«, hakte der Vater grantig ein. »Sie kennen ja unseren Buben nun lang genug. Er hat kein Benehmen und wir werden seiner schon lange nicht mehr Herr. Er macht, was er will. Das haben Sie in der Schule sicher auch schon gemerkt! Zumindest ist das an seinen miserablen Noten ablesbar. Er räumt nicht auf, ist total schlampig und macht uns das Leben echt schwer!«

Frau Lenden schaute die Eltern eindringlich an und stellte nur eine Frage: »Wann haben Sie Ihrem Sohn das letzte Mal gesagt, dass Sie ihn lieben?«

»Lieben? Aber nicht mit diesem Benehmen! So was kann man nicht lieben. Eher hätte er 'ne Tracht Prügel verdient!«, wetterte sein Vater weiter.

Doch Frau Lenden ließ nicht locker und fragte wieder in ihrer gewohnt inneren Ruhe, leise, aber bestimmt: »Wann haben Sie Max das letzte Mal gesagt, dass Sie ihn lieben?«

Dieses Mal war es einen Moment lang still, bevor Max' Mutter in ihrer Hilflosigkeit das Wort ergriff: »Frau Lenden, es ist wirklich nicht einfach mit unserem Jungen. Was sollen wir denn tun?«

Frau Lenden wartete, schwieg und schaute die Eltern an, die mit neugierigen Augen auf eine Antwort warteten. Und dann stellte sie ein weiteres Mal die Frage: »Wann haben Sie Ihrem Sohn das letzte Mal gesagt, dass Sie ihn lieben?«

Max' Vater wurde still und die Augen der Mutter standen voller Tränen. Sie senkte beschämt ihren Kopf und sagte nach einer stillen Minute leise: »Noch nie!«

Dieser Moment war hart.

Vor allem für Max' Eltern.

Zuerst konnte niemand etwas sagen. Und wie so oft hielt Frau Lenden auch dieses Mal das Schweigen aus.

Als die Mutter den Kopf wieder hob, sah sie ihrem Mann in die Augen und dann umarmten sie einander. Die Lehrerin spürte, dass diese Umarmung voller Emotionen war. Was auch immer diese Frage ausgelöst hatte, sie hielten sich aneinander fest wie wahrscheinlich schon lange nicht mehr. Der Mutter liefen die Tränen herab. Als wenn sich etwas gelöst hätte, was sie schon lange Zeit mit sich herumgetragen hatte. Als wenn etwas ausgesprochen worden wäre, was lange schon hätte gesagt werden müssen. Als wenn das Eis nun gebrochen wäre.

Es folgte das intensivste Gespräch, das Frau Lenden in ihrer Lehrerzeit je an einem Elternsprechtag geführt hatte. Max' Eltern waren nach diesem magischen Moment wie ausgewechselt. Sie öffneten sich und erzählten … auch von sich selbst und ihren eigenen Problemen.

Nach ganzen zwei Stunden verabschiedete sich Frau Lenden von Max' Eltern. Sie umarmten sich und die Eltern bedankten sich für die Ehrlichkeit und den Mut, den Frau Lenden in diesem Gespräch gezeigt hatte.

Es war der letzte Elternsprechtag, bevor die Klasse ins neunte Schuljahr wechselte und einen neuen Klassenlehrer bekam. In den letzten Wochen vor den Ferien konnte Frau Lenden zwar eine Veränderung an Max feststellen, aber es wurde nie wieder über das Gewesene gesprochen. Sie erfuhr nie, was danach in der Familie Merker geschehen war, aber sie vertraute darauf, dass das Gespräch etwas ins Rollen gebracht hatte.

Zwei Jahre später war Schulentlassung. Die Abschlussklasse, in der sich auch Max befand, hatte ein Lied einstudiert, das sie vor allen Schülern, den anwesenden Eltern und Lehrern vortragen sollten. Max bekam das Mikrofon und sollte ein paar Worte zur Einstimmung sagen. Das tat er gern, denn es war ihm eine Herzensangelegenheit. Alle saßen voller Erwartung in der Aula, als Max zu reden begann.

»Unsere Abschlussklasse wird gleich ein Lied singen. Aber zuvor möchte ich etwas sagen. Als unsere Klasse vor gut zwei Jahren wegen des Mutterschutzes unserer damaligen Lehrerin an Frau Lenden übergeben wurde, fanden wir das nicht gut, weil wir uns so kurzfristig an eine neue Lehrerin gewöhnen sollten. Doch Frau Lenden lehrte uns eine wichtige Lektion fürs Leben, wofür wir Schüler ihr sehr dankbar sind:

Wenn das Herz die Führung übernimmt,
entmachten wir alles, was uns Leid zufügt.

Sie hat uns gezeigt, dass Liebe irritiert und Brücken baut. Ich persönlich bin ihr besonders dankbar. Auch wenn sie damals vielleicht gedacht hatte, dass das Gespräch mit mir und auch mit meinen Eltern am Elternsprechtag nur ein Tropfen auf dem heißen Stein sein könnte, so war es der wichtigste Tropfen. Mein Vater sitzt heute auch hier und hat es durch eine Entziehungskur geschafft, den Alkohol hinter sich zu lassen. Seit anderthalb Jahren ist er trocken. Meine Eltern gingen zur Eheberatung und auch sie haben inzwischen verstanden, welche Botschaft damals Frau Lenden für uns alle hatte:

Liebe ist die stärkste Kraft im Universum.

Unsere Familie war so sehr von Abhängigkeiten geprägt, dass wir die Liebe gar nicht mehr spüren konnten. Und genau das hat sich verändert. Heute höre ich auf mein Herz und muss nicht mehr laut sein, um aufzufallen. Ich weiß, dass ich liebe und geliebt werde.«

Die ganze Aula war still. Frau Lenden rollten mittlerweile die Tränen über die Wange, weil ihr gar nicht bewusst gewesen war, wie viel Gutes sie mit ihrer Art bei den Schülern vollbracht hatte. Max stieg mit dem Mikrofon von der Bühne und ging auf sie zu. Er stellte sich vor sie hin und sah ihr in die Augen. Er wollte viel mehr sagen, aber in dem Moment kam nur ein tief empfundenes »Danke« aus seinem Mund. Dann umarmten sie sich und viele andere konnten sich die Tränen ebenso nicht verkneifen. Es war ein unglaublich berührender Moment.

Als Max wieder auf der Bühne bei seinen Mitschülern stand, sprach er weiter: »Wir möchten mit unserem Abschlusslied ein Zeichen setzen. Dazu möchte ich Sie bitten, aufzustehen und sich an den Händen zu nehmen. Liebe ist ein Energiekreislauf. Wenn wir unser Herz öffnen, können wir geben und empfangen. Das Lied, das wir heute singen, heißt ›Liebe ist alles‹.«

Während die Klasse das Lied vortrug, hielten sich alle an den Händen, und wenn man in die Menge schaute, so konnte man in vielen Gesichtern feuchte Augen entdecken. Augen voller Rührung und Sehnsucht … nach Liebe.

Wie löse ich mein Karma auf?

Senta war zu Beginn ihrer spirituellen Reise auf einem Seminar zur Selbstfindung, weil sie ständig von Selbstzweifeln geplagt wurde. Nach einer Übung sagte die Trainerin: »Senta, du hast ein starkes Karma mit in dieses Leben gebracht. Du darfst noch einiges aufarbeiten.«

Seitdem tat Senta nichts anderes. Sie wollte unbedingt ihr Karma auflösen, damit sie endlich glücklich leben kann. Sie besuchte jede Menge Seminare, machte Coachreisen, um ihre Seele zu entfalten, und nutzte so viele Termine wie irgendwie möglich bei ihrem Therapeuten.

Doch dann kam dieser eine Tag, der alles veränderte. Sie war in Thailand auf einer Selbstfindungsreise und ging zu einem Meister, den viele vergötterten. Sie stellte ihm eine Frage: »Meister, wie kann ich mein Karma auflösen?«

Der Meister lachte.

»Liebe Senta, wer hat dir denn gesagt, dass du Karma hast?«

»Na, ich merke ja selbst, dass ich viel aufzuarbeiten habe, weil ich nicht glücklich werde und ständig an mir zweifle. Und auf einem Seminar, auf dem ich vor fünf Jahren war, sagte die Trainerin mir nach einer Übung, dass ich starkes Karma mit auf die Erde gebracht hätte.«

Der Meister lachte wieder.

»Wieso lachst du, Meister?«, fragte Senta verunsichert.

»Senta, was wäre, wenn es gar kein Karma gäbe?«

»Wie meinst du das?«

»Nun, wer sagt denn, dass das so stimmt? Hast du den Inhalt dieser Aussage auf Wahrheit überprüft?«

Damit hatte der Meister alles gesagt, was in seinen Augen nötig war, um Senta zu ihren eigenen Antworten zu führen.

Senta jedoch blieb verstört zurück. Was sollte das? Sie war nun seit Jahren auf dem Weg, immer bewusster zu werden, indem sie ihr Karma peu à peu auflöste, und dann kam ein Meister daher und stellte das alles infrage. Senta wusste nicht mehr, wo ihr der Kopf stand. Was ist denn jetzt wirklich wahr? Gibt es Karma oder gibt es keins?, grübelte sie.

In ihrer Verzweiflung setzte sie sich auf eine Bank in den Garten. Sie schloss die Augen und wollte die Sonne genießen, um abschalten zu können, als nach einer langen Zeit der Stille eine Stimme zu ihr sprach: »Senta, wieso hörst du so sehr auf das, was andere sagen? Wieso vertraust du dir selbst nicht? Du suchst dich selbst, dabei bist du schon da. In deiner ganzen Pracht. Du musst es nur wahrnehmen. Vertraue auf dich. Verleugne dich nicht, um anderen gerecht zu werden. Folge deinem Herzen und steh zu dir!«

Senta wurde von dieser Stimme aus ihrer Hilflosigkeit gerissen. Was war das? Die Tränen legten einen Schleier auf ihre Augen. War ihre innere Stimme so klar und präsent? Wie ging das? Auf jeden Fall war es ein magischer Moment voller Glückseligkeit. Dieser Augenblick machte sie stark. Sie wusste plötzlich, dass alle Antworten des Lebens in ihr selbst zu finden waren. Bisher war ihr das nur nicht bewusst gewesen. Deshalb hatte sie so lange im Außen gesucht. Von diesem Tag an war ihr klar: Ob sie Karma hatte oder nicht, war egal. Ob es stark war oder schwach, war unwichtig. Es war einzig und allein wichtig, dass sie sich selbst liebte. So, wie sie war. Musste sie ihr Karma auflösen, um glücklich sein zu können? Nein. Sie wusste nun, dass Glücklichsein lediglich eine bewusste Entscheidung ist.

Dieses Ereignis in Thailand veränderte ihr Leben. Statt weiterhin auf der Suche zu sein, schöpfte sie ab sofort aus ihrer inneren Quelle. Sie wusste, dass es nicht mehr um den Input ging, sondern um den Output. Darum, das sichtbar zu machen, was von Natur aus angelegt ist. Und freigeschaufelt hatte sie weiß Gott genug in den letzten Jahren.

Senta wurde ein wunderbarer Lebenscoach, weil sie wusste, wie es ist, ständig auf der Suche zu sein. Ihr ist daran gelegen, den Menschen zu helfen, sich selbst zu finden.

»Du brauchst keinen Lehrer, der dich beeinflusst. Du brauchst einen Lehrer, der dich lehrt, dich nicht mehr beeinflussen zu lassen«, sagte einst Dieter M. Hörner, und genau danach lebt Senta.

Helfen kann sie am besten, indem sie Fragen stellt, wie es der Meister getan hat. Und das tut sie mit viel Freude und Vertrauen. Denn so findet derjenige die Antworten, der sie sucht.

Das Besengespräch

»Wo warst du denn heute so lang?«, fragte der eine Besen den anderen.

»Ach, wir waren den ganzen Tag unterwegs. Meine Besitzerin hat gemeint, sie müsse mich vor anderen Haustüren einsetzen, wo es angeblich soooo dreckig sei.«

»Ja und? Habt ihr den Dreck wegbekommen?«

»Ach wo!«, seufzte der andere Besen. »Du weißt doch: Der eigene Besen kann nur vor der eigenen Haustür kehren. Aber der Dreck vor ihrer Haustür sitzt inzwischen in jeder Ritze. Mit dem will sie sich wohl nicht befassen. Dabei wäre es dort am nötigsten. Dann würde sie auch ihren Hof wieder lieben. Sie könnte ihre Blumenkästen bepflanzen und es sich in ihrem Heim richtig schön machen.

Leider flüchtet sie lieber vor andere Haustüren. Obwohl es ja damit auch nicht besser wird. Die Reise heute war also wieder mal für die Katz. Wann sie das wohl endlich mal verstehen wird ...«

Hast du Angst vor dem Tod?

Omi, wie sie liebevoll von ihrem Urenkel Henri genannt wurde, saß mit ihren sechsundachtzig Jahren im Schaukelstuhl und genoss die Zeit, die sie mit ihm verbringen durfte. Wenn er das Wohnzimmer betrat, strahlte ihr Gesicht und ihre Augen leuchteten. Auch wenn sie sich nicht mehr so bewegen konnte, wie sie wollte, mit ihrem Rollator kam sie immer noch bis zum Süßigkeitenschrank, um Henri zu verwöhnen.

Wenn sie mittags das Essen vom Pflegedienst serviert bekam, konnte man sich darauf verlassen, dass zu ihrer Rechten ihre Katze Mucki und zu ihrer Linken Henri mitessen durften. Sie war eine herzensgute Uroma, und Henri genoss es, dass er von ihr so viel Aufmerksamkeit bekam. Ihr Urenkel war für Omi ein Geschenk des Himmels. Sie war glücklich, dass sie das noch erleben durfte.

Sie strickte, wann immer sie die Kräfte dazu hatte, löste Kreuzworträtsel und legte Patience-Karten, um die Zeit sinnvoll zu nutzen. Sie war viel allein, obwohl sie auch von der Familie Besuch bekam. Sie war dankbar dafür, dass sie nicht im Altenheim sitzen musste, sondern von ihren Töchtern im selben Ort und von einem Pflegedienst, der täglich kam, versorgt wurde.

Doch irgendwann bekam sie aus heiterem Himmel argen Durchfall. Die Kräfte verließen sie mehr und mehr. Zwei Tage lang begleitete die Tochter, die gegenüber wohnte, ihre Mutter und wusste im Innersten, dass der liebe Gott die Uhr gestellt hatte. Die Schwäche im Körper von Omi und der starre Blick ließen nichts Gutes erahnen. Die Tochter rief den Krankenwagen, weil sie hoffte, dass man doch noch etwas tun konnte, aber nur zwei Stunden später schlief die alte Dame im Beisein ihrer drei Kinder ruhig und friedlich ein.

Obwohl sie sehr friedlich gestorben war und jeder wusste, dass alles gut war, weinte die Familie und trauerte. Alle wollten, dass Henri mit seinen vier Jahren davon nichts mitbekommen sollte. Doch der Leichenbestatter leistete großartige Arbeit und sagte, dass Kinder damit ganz anders umgehen würden, als Erwachsene meist glauben. Es wäre genau das richtige Alter, um Henri auch mit in die Leichenhalle zu nehmen, damit er sich von Omi verabschieden durfte.

Henri ging also mit seinem Vater zu seiner Omi in die Leichenhalle. Damit er sie besser sehen konnte, nahm sein Vater ihn auf den Arm. Als Henri Omi sah, sagte er: »Papa, wenn ich mal sterbe, will ich auch so viele Kissen haben.« Dann schaute er Omi eine Weile an und meinte: »Und ich wollte auch noch Danke sagen für das viele Essen, das ich immer bei dir bekommen habe.«

Alle in der Familie wussten von diesem Tag an, dass der Tod nichts Bedrohliches darstellt. Die Angst vor ihm ist konstruiert, so wie jede andere Angst auch. Das hat Henri uns mit seinen vier Jahren gezeigt. Danke, Henri!

Wie lebe ich ein erfülltes Leben?

Ein Schüler kam zum Meister und fragte: »Meister, was kann ich tun, damit ich ein erfülltes Leben habe?«

»Verändere deine Motivation!«, sagte der Meister.

»Wie meinst du das?«

»Es gibt zwei verschiedene Arten von Motivation. Die eine lautet: Tun – Haben – Sein. Das ist die, mit der du zu mir gekommen bist. Du hast mich gefragt, was du tun kannst, um ein erfülltes Leben zu haben. So leben die meisten Menschen. Sie tun ganz viel, um dann irgendwann für ihre Leistung Anerkennung oder Geld zu bekommen. Und dann glauben sie, jemand zu sein. Sie identifizieren sich über das, was sie durch ihr Umfeld erhalten haben. Sie haben sich Abhängigkeiten geschaffen, ohne dass ihnen dies bewusst ist. Erfolg übertönt oft alles. Den Hunger nach Liebe, den sie als Kind nicht befriedigt bekamen, tragen sie als Erwachsene immer noch in sich, ohne es zu wissen. Sie setzen alles daran, diese inneren Löcher irgendwie zu stopfen. Sie hören ihre inneren Stimmen nicht mehr. Sie werden angetrieben von dem, was ihren Schein des Seins aufrechterhält.

Wenn du jedoch ein wirklich erfülltes Leben führen möchtest, brauchst du eine andere Motivation. Diese lautet: Sein – Tun – Haben. Hierbei ist es genau anders herum. Wenn du aus dem Sein heraus etwas tust, fragst du dich nicht, wie du ein erfülltes Leben haben kannst, sondern du schaust zuerst, was dir Freude bereitet, wobei dein Herz tanzt. Du nährst dein Sein, ohne daran zu denken, daraus Profit zu schlagen, weil du einfach nur ein Ziel verfolgst: mehr Freude im Leben zu empfinden. Für dich! Du schöpfst aus der Quelle des Ursprungs. Aus dem, was in dir angelegt wurde. Aus deinen Begabungen, Talenten und Fähigkeiten. Du schaust nicht in die Ferne, du genießt das Jetzt. Das, was du tust, tust du aus dem Herzen. Du benutzt nicht dein Umfeld, um Löcher zu stopfen, sondern bist ein Geschenk für die Menschheit, weil du die Schätze in dir bereits entdeckt hast. Du bist ausgeglichen und frei in deinem Tun, ohne dafür etwas haben zu müssen. Du hast dich geöffnet für die Fülle des Lebens, denn dein Herz ist sowieso voller Reichtum.«

Der Schüler dachte kurz nach und sagte dann: »Letzten Endes ist der Unterschied der zwei Motivationen also recht einfach: Die erste basiert auf Abhängigkeit, geschieht meist unbewusst, und die Menschen wissen gar nicht, dass es auch anders geht. Sie sind dann unglücklich, obwohl sie auf materieller Ebene oft reich sind.

Die andere Motivation entwickelt sich aus der inneren Freiheit, und die Menschen leben meist bewusster. Sie sind dem Reichtum näher als so manch ein Millionär. Sie leben den Reichtum des Herzens, der wirklich erfüllend ist. Richtig?«

»Genau«, sagte der Meister und war hocherfreut, dass der Schüler so schnell die Essenz für sich herausfischen konnte.

Der Schüler bedankte sich bei seinem Meister. Diese Erklärung veränderte sein Leben, denn allein das Wissen darum gab ihm die Möglichkeit, ganz andere Entscheidungen zu treffen, als er es bislang getan hatte.

Die Liebe – sie lebt!

Lisa war siebenundzwanzig. Sie hatte ein gutes Herz. Betrat sie einen Raum, spürte man förmlich die Liebe, die sie mitbrachte. Sie war zwar dick, strahlte dabei aber von innen heraus. Genau deshalb liebten die Menschen sie.

Sie war Single, lebte allein, war aber gern in Gesellschaft. In ihrer Freizeit verkleidete sie sich oft als Clown, um auf Kindergeburtstagen, die sie organisierte, die Kleinen glücklich zu machen. Sie tat das mit ganz viel Herzblut. Die Kinder liebten sie wegen ihrer lustigen Art. Sie wusste, wie man mit Kindern umgeht.

Lisa pflegte auch eine wundervolle Beziehung zu ihrer Schwester Maja. Die Geschwister wohnten zwar in verschiedenen Wohnungen, aber im selben Ort, wo auch die Eltern lebten.

An einem Freitag in der Früh klingelte das Telefon bei Maja. Ihre Mutter war dran.

»Sag mal, Maja, hast du Lisa in der letzten Zeit gesehen? Ich habe jetzt schon zwei Tage versucht, bei ihr anzurufen, aber sie geht nicht ran. Gestern war ich bei ihr an der Tür, aber sie öffnet nicht, obwohl ihr Auto davor steht. Kannst du dir das erklären?«

Maja war erstaunt. Das kannte sie so gar nicht von ihrer Schwester. Denn wenn sie Lisa anrief, wurde sie immer sofort zurückgerufen.

»Warte mal, ich habe ihr gestern noch per WhatsApp geschrieben.«

Als sie ihr Handy öffnete, sah sie, dass Lisa die Nachricht noch nicht gesehen hatte. Sie war das letzte Mal vor drei Tagen online gewesen.

»Mama, da stimmt was nicht! Lass uns bitte sofort hinfahren.«

Sie trafen sich zehn Minuten später an Lisas Haustür, dieses Mal hatte die Mutter einen Schlüssel mitgebracht. Maja hatte ein mulmiges Gefühl im Magen.

Als sie die Tür aufmachten, riefen sie sofort »Lisa, Lisa, Lisa, wo bist du?«

Keine Antwort.

Als sie dann aufgeregt die Zimmer absuchten und schließlich das Schlafzimmer betraten, lag Lisa im Bett. Sie war blass und bewegungslos.

Ihre Mutter stürzte zu ihr hin und schrie nur: »Lisa, Lisa, wach auf!«

Dabei klatschte sie auf die Wangen ihrer Tochter.

Aber Lisas Haut war kalt.

Sie war tot.

Die Mutter brach weinend zusammen, und auch Maja wusste gerade nicht, wohin mit ihren Gefühlen. Sie setzte sich an Lisas Bett und weinte. Sie weinte einfach – und weinte. Irgendwann nahmen Mutter und Tochter einander in die Arme. Sie konnten das alles gar nicht fassen, waren wie in Trance.

Nachdem sie sich ein wenig beruhigt hatten, sahen sie einen Brief auf Lisas Nachttisch liegen. Sie trauten sich kaum, ihn zu öffnen. Es war ein Abschiedsbrief:

Liebe Familie und Freunde,

wenn Ihr diesen Brief lest, bin ich nicht mehr unter Euch. Zumindest nicht mit meinem dicken Körper, den ich immer gehasst habe. Ich konnte damit nicht länger leben. Er hat mich fertiggemacht. Und so habe ich mich schweren Herzens entschieden, von dieser Welt zu gehen in der Hoffnung, dass ich von diesem Leid erlöst werde.

Ich weiß, dass das niemand von Euch verstehen kann, aber mein sensibles Herz hat die Last nicht mehr tragen können, die auf mir lag. Lasst mich in Euren Herzen weiterleben, denn die Liebe zu Euch wird nie versiegen.

Im Herzen bei Euch

Lisa

Als Maja und ihre Mutter diese Zeilen lasen, mussten sie wieder weinen.

»Aber wieso?«, stammelte Maja traurig und wütend zugleich. »Sie hatte so ein gutes Herz. Wieso wusste sie das nicht? Wieso hatte ihr Körper so viel Macht über sie?«

Die Tage, die dann folgten, waren sehr emotional. Die Familie weinte viel und trauerte. Die Verwandten organisierten das Nötige, bereiteten die Beerdigung vor und alles lief ab wie im Film. Es war unfassbar. Unfassbar bedrückend für alle. Auch Lisas Freunde konnten nicht begreifen, was geschehen war. Wie konnte so ein liebenswerter Mensch die Erde freiwillig verlassen?

Obwohl Lisas Mutter mit ihren Nerven fast am Ende war, bat sie den Pastor, zum Abschluss der Trauermesse etwas sagen zu dürfen. Sie trat ans Mikrofon, musste sich aber erst mal räuspern, damit sie überhaupt ein Wort rausbringen konnte. Und dann begann sie, leise und zögerlich:

»Gestern Abend fragte mich meine Enkelin, wieso Lisa nicht mehr bei uns ist. Ich konnte ihr keine Antwort geben, weil ich in dem Moment dazu nicht imstande war. Aber ich möchte die Frage nicht unbeantwortet lassen. Denn diese Frage sehe ich in mehreren Gesichtern hier. Lisa hat einen Abschiedsbrief hinterlassen, in dem sie uns schrieb, dass sie in ihrem dicken Körper nicht mehr weiterleben konnte. Er hat sie fertiggemacht. Als ich diese Zeilen las, dachte ich an so viele Male, wo ich ihr sagte ›Iss nicht so viel!‹ oder ›Du hast doch wieder zugenommen oder?‹ Es waren so viele Dinge, die plötzlich in meine Gedanken kamen. Aussagen, mit denen auch ich dazu beigetragen hatte, dass Lisa sich nicht so lieben konnte, wie sie war.«

Der Mutter liefen Tränen über die Wangen. Sie musste sich schnäuzen und kurz sammeln, bevor sie weitersprechen konnte.

»Ich habe ihr als Kind nie gesagt, dass ich sie so liebe, wie sie ist. Ich habe meine Liebe von vielem abhängig gemacht, aber das ist mir erst jetzt bewusst. Und auch, wenn es sich nun komisch anhört: Durch Lisas Tod durfte ich erfahren, was Liebe wirklich bedeutet. Mein Herz klopft gerade stärker denn je.

Und ich möchte euch hiermit inständig um etwas bitten: Wenn ihr eure Kinder liebt, sagt es ihnen. Wie sollen sie es wissen, wenn sie ständig kritisiert werden? Wenn sie stets hören, was sie besser oder anders machen sollen? Wenn sie nur geliebt werden, weil sie zu etwas werden sollen, was sie aber gar nicht sind? Sagt euren Kindern, dass ihr sie liebt. Und sagt es euren Mitmenschen. Einfach so! Manche wissen nicht, wie wertvoll sie sind. Sagt es ihnen!

Ich habe es versäumt. Nun ist es zu spät. Obwohl ich mir sicher bin, dass Lisa noch hört, welche Worte gerade aus meinem Mund kommen.

Es ist mir weiterhin klar geworden, dass ich es ihr gar nicht sagen konnte. Denn auch ich habe nie gelernt, mich selbst zu lieben. Doch es ist nie zu spät. Ich habe durch Lisas Tod mein Herz öffnen können. Auch mir selbst gegenüber. Es geschah wie von Geisterhand. Und dafür bin ich unendlich dankbar. Ich danke dem lieben Gott für diese Botschaft, auch wenn ich unglaublich traurig bin, dass sie mich so erreichen musste.

Lisa, ich hoffe, dir geht es gut dort, wo du jetzt bist, und ich danke dir für die Zeit, die wir mit dir verbringen durften. Die Leichtigkeit deines guten Herzens werden wir weiter in uns tragen, denn du hast den Samen der Liebe in viele Herzen gepflanzt. Und wenn es ein Vermächtnis gibt, das auf dieser Erde bleibt, dann dieses: Die Liebe – sie lebt!«

Ungeweinte Tränen

»Mama, wieso weinst du denn so?«

»Ach, weißt du, Käddi ist gestorben. Deshalb weine ich.«

»Aber du kanntest die doch gar nicht gut.«

»Ja, da hast du recht. Vielleicht weine ich auch nur Tränen, die schon lange geweint werden wollten, und wenn jemand stirbt, brauche ich mich dafür wenigstens nicht zu rechtfertigen.«

»Tante Lisa hat zu mir gesagt, dass man immer weinen darf. Weinen macht Platz für Neues. Sie meinte, wenn die Tränen rausdürfen, dann könnte an diese Stelle etwas anderes. Vielleicht Freude oder Glück oder so. Und deshalb weine ich immer, wenn mir nach Weinen ist.«

»Das darfst du auch.«

»Mach das doch genauso. Du musst nicht stark sein, wenn du eigentlich schwach bist!«

Spiegel der Vergangenheit

Paula war am Ende mit ihren Nerven. Ihre dreizehnjährige Tochter Annika trieb sie mit ihrem Trotz und Starrsinn an die Grenzen ihrer Kraft. Seit Jahren schon kämpfte Paula darum, endlich einen Zugang zu ihr zu finden, aber ein liebevoller Umgang war kaum mehr möglich. Annika war störrisch, hatte ihren eigenen Kopf und sagte grundsätzlich erst mal Nein, wenn sie von ihrer Mutter um etwas gebeten wurde. Und so gab es inzwischen fast täglich Situationen, die eskalierten. Streit war an der Tagesordnung. Paula wusste langsam keinen Ausweg mehr. Sie nahm sich aus lauter Verzweiflung einen Termin bei einem Heilpraktiker, der ganzheitlich orientiert arbeitete und ein gutes Händchen haben sollte. So sagten es zumindest die Leute im Dorf.

Als sie im Wartezimmer saß, schaute sie gedankenverloren aus dem Fenster. Sie fragte sich, wie es nur so weit hatte kommen können. Sie verurteilte sich selbst dafür, dass sie immer gleich an die Decke ging. Aber Annika provozierte sie ja auch ständig.

»Frau Schmidtke, bitte!«, wurde sie aus ihren Gedanken gerissen.

Herr Beils war ein Heilpraktiker, dessen Erscheinungsbild eher unauffällig war. Aber seine großen, braunen Augen sprachen für sich. Wenn er einen anschaute, fühlte man sich gleich gut aufgehoben. Er hatte etwas Warmherziges, das man nicht in Worte fassen konnte, aber man hatte gleich ein Gefühl von Geborgenheit.

»Was haben Sie denn auf dem Herzen?«, fragte er Paula mit einer angenehm sanften und einfühlsamen Stimme.

Paula erzählte daraufhin, was sie schon seit Jahren belastete. Herr Beils hörte ihr aufmerksam zu. Da er selbst Kinder hatte, konnte er recht schnell die Zusammenhänge erfassen. Er ahnte, wo die Lösung für Paulas Problem liegen könnte.

»Was könnte Annika Ihnen mit ihrem Verhalten zeigen wollen?«, fragte er, aber Paula konnte ihm spontan keine Antwort geben.

»Kinder sind unser bester Spiegel. Sie zeigt Ihnen, was Sie in sich ablehnen. Deshalb macht es Sie auch so wütend. Ihre Tochter wehrt sich gegen alles Mögliche, sagt zu allem erst mal Nein und ist stur. Wie sieht das denn bei Ihnen aus?«

»Ich bin genau das Gegenteil! Schon als Kind musste ich immer gehorchen. Ich war ein liebes Kind, das sich angepasst hat. Ich hatte aber auch keine andere Wahl. Denn sonst hätte ich von meinem Vater Schläge bekommen!«

Paula standen die Tränen in den Augen, als sie das sagte, weil der Gedanke an Schläge sie an den Missbrauch von früher erinnerte. Ihr Vater hatte sich verbal nie durchsetzen können. Weil er sich nicht anders zu helfen wusste, schlug er seine Kinder. Er hatte anscheinend keine andere Lösung, und Paula litt auch heute noch darunter.

Mitfühlend reichte Herr Beils ihr ein Taschentuch.

»Genau das meinte ich, Frau Schmidtke, als ich von den Spiegeln sprach. Wenn Eltern sich über das Verhalten der Kinder aufregen, sind es oft Dinge, die sie selbst gern ausleben würden, sich aber nicht trauen. Oder aber sie lehnen an sich selbst das Verhalten ab, welches sie an ihren Kindern nervt. Wie auch bei Ihnen liegt der Grund dafür in der eigenen Kindheit. Ihre eigene Kinderseele, die damals verletzt und unterdrückt wurde – die schreit jetzt. Es ist also nicht das Thema Ihrer Tochter. Es ist Ihr eigenes.«

Paula schluchzte.

Ihr wurde schlagartig klar, dass sie Annika unrecht tat, wenn sie mit ihr schimpfte. Sie handelte aus Unwissenheit und wusste es bislang nicht besser. Jetzt durfte Paula die Verantwortung für ihre verletzte Kinderseele übernehmen. Der Heilpraktiker empfahl ihr Meditations-CDs zur Aussöhnung mit dem inneren Kind und vereinbarte weitere Termine mit Paula, um ihre Kinderseele Schritt für Schritt in die Heilung zu führen. Der erste und wichtigste Schritt war dafür getan.

Am Ende der ersten Stunde fragte er: »Wenn Sie an Ihre Tochter denken, was sind jetzt für Gedanken präsent?«

»Ich bin ihr dankbar. Sie hat mir meine Verletzungen aus der Kindheit gespiegelt.«

In den darauffolgenden Wochen erlebte Paula einen faszinierenden Wandel. Nur durch die Klarheit, die sie selbst erlangte, konnte sie ihr Herz für Annika wieder öffnen. Sie kamen sich näher. Es dauerte zwar seine Zeit, aber man konnte deutlich spüren, dass die Energie zwischen den beiden eine andere war. In Situationen, in denen Paula zuvor explodiert war, wusste sie nun um diesen Spiegel und bot ihrer Tochter somit keine Angriffsfläche mehr. Es ärgerte sie nicht mehr, denn Paula wusste, dass auch Annika aus Unwissenheit diese Rolle übernommen hatte. Stattdessen entwickelte Paula Mitgefühl für ihre Tochter.

Genau das führte dazu, dass die spannungsgeladenen Situationen immer weniger wurden. Es passierte einfach, ohne dass Paula je mit ihrer Tochter darüber gesprochen hatte.

Wochen später saß Paula wieder bei ihrem Heilpraktiker. Sie sprachen darüber, was sich in den letzten Monaten verändert hatte.

»Ich bin glücklich, dass ich den Mut hatte, hierherzukommen. Sonst hätte ich wahrscheinlich niemals verstanden, dass die Verantwortung bei mir liegt. Dass ich, wenn auch unbewusst, meine eigenen Themen auf die Kinder übertrage, wenn ich sie nicht auflöse. Durch meine Veränderung ist meine Tochter heute wie ausgewechselt. Vorgestern Abend konnte ich sie das erste Mal nach langer Zeit in die Arme nehmen und ihr sagen, dass ich sie liebe.«

Krankheit als Botschafter der Seele

»Lieber Körper, was willst du mir mit dem Schwindel sagen?«

»Dein Herz kennt die Antwort. Dein Gleichgewichtsorgan im Ohr ist für den Schwindel verantwortlich. Damit du dich fragst, was dich so aus dem Gleichgewicht bringt.«

»Na ja, das weiß ich eigentlich schon.«

»Und?«

»Ich mache schon länger etwas, was mich innerlich fertigmacht.«

»Wieso tust du es dann?«

»Weil ich Angst habe!«

»Wovor hast du Angst?«

»Davor, mit der Entscheidung jemand anderen zu enttäuschen.«

»Bist du dir dessen bewusst, dass du dich selbst damit verleugnest? Du triffst keine Entscheidung, die dir guttut, weil du Angst davor hast, andere zu enttäuschen? Das ist der totale Wahnsinn, was du da mit dir selbst anstellst. Damit gibst du mir den Auftrag, dich krank zu machen, damit du genau das wahrnimmst!«

»Ja, ich weiß. Ich habe es jetzt auch verstanden. Das letzte Mal lag ich mit Schwindel im Krankenhaus, danach habe ich auch Entscheidungen getroffen, die mein Leben grundlegend änderten. Dafür habe ich allerdings ein ganzes Jahr gebraucht. So lange soll es dieses Mal nicht dauern. Denn ich handle dieses Mal früher. Jetzt sofort.«

»Manche Entscheidungen, die man im Leben trifft, die trifft man für sich. Dabei scheint es so, als träfe man sie gegen andere.«

»Ja, deshalb fällt es mir auch so schwer. Ich habe schon immer mehr auf die anderen geachtet als auf mich.«

»Aber das funktioniert jetzt nicht mehr. Denn je länger du das machst, desto mehr schadest du dir. Jeder ist für seine eigenen Gefühle verantwortlich. Wenn du mit deiner Entscheidung wirklich jemand anderen ent-täuschen kannst, muss er dir im Grunde genommen dankbar sein. Denn du hast ihm seine Täuschung genommen. Du hast Wahrheit in die Illusion gebracht. Und das ist wichtig. Für alle. Immer dann, wenn du Entscheidungen für dich selbst triffst, darfst du anschließend ins Vertrauen gehen. Denn du wirst geführt und dein Leben richtet sich danach.«

»Danke, lieber Körper, für deine Signale und unser Gespräch. Ich bin froh, dass wir inzwischen so gut kommunizieren können!«

Kurz danach bedankte sich der Schwindel, dass er als Botschaft wahrgenommen wurde – und verabschiedete sich.

Fest der Liebe 3.0

Jan arbeitete im Callcenter einer IT-Firma und war für Problemkunden zuständig. Es war kurz vor Weihnachten. Der gewöhnliche Jahresendstress war ausgebrochen. Das Telefon klingelte ununterbrochen.

»Bin ich da richtig? Mein PC spinnt!«, fauchte eine Frau am Telefon.

»Nun mal ganz ruhig, junge Frau. Was haben Sie denn für ein Problem?«, fragte Jan ganz gelassen.

»Ich brauche das Programm an Weihnachten, aber es lässt sich nicht problemlos auf die Festplatte laden.«

»Um welches Programm handelt es sich denn?«

»Fest der Liebe 3.0«

»Okay, dann sollten Sie verschiedene Dinge beachten. Sitzen Sie jetzt am Rechner?«

»Ja, sitze ich«, sagte die Dame genervt.

»Zuerst drücken Sie bitte die Tastenkombination Strg + Alt + Entfernen, um den Taskmanager zu öffnen. Dort lesen Sie mir bitte vor, welche Programme derzeit geöffnet sind. Sehen Sie das?«

»Ja. Also hier stehen folgende Programme: Winword.exe, Firefox.exe, Hass.exe und …«

»Stopp«, sagte Jan, »da ist schon das erste Problem. Hass ist mit Liebe nicht kompatibel. Können Sie das Programm in der Systemsteuerung deinstallieren?«

»Ja, ein Moment … Okay, habe ich.«

»Lesen Sie bitte weiter vor«, forderte Jan die Dame auf.

»Dann ist da noch Excel.exe, Ego.exe …«

»Das Ego«, unterbrach Jan. »Welche Version ist das? Brauchen Sie das Programm zwingend?«

»Ich habe die Version 4.1. Das Programm brauche ich zum Schutz. Es funktioniert hervorragend auch als Anti-Viren-Programm.«

»Das Problem ist: Wenn Sie sich damit vor Viren schützen wollen, blockieren Sie automatisch all die schönen Programme, wie auch Fest der Liebe 3.0.«

»Und was soll ich nun tun?«

»Können Sie das Programm Ego zumindest für einen kurzen Zeitraum deaktivieren? Wenn Sie dann merken, dass Sie tatsächlich nicht ohne auskommen, können Sie es immer noch aktivieren.«

»Kann ich versuchen, aber wer garantiert mir, dass sich im System keine Viren einnisten?«

»Da gibt es eine Lösung. Sie können sich gratis im Netz das Programm Vertrauen 6.2 downloaden. Wenn das läuft, dann dürften Sie ziemlich sicher sein vor Viren. Vertrauen 6.2 ist übrigens in Verbindung mit Fest der Liebe 3.0 eine optimale Lösung. Auch wenn Sie Ihren PC mal mit mehreren Rechnern in einem Netzwerk aktivieren, werden Sie merken, wie kompatibel er plötzlich ist. Auch mit PCs, mit denen er vielleicht zuvor Probleme hatte.«

»Okay, dann mach ich das mal. Gibt es sonst noch etwas zu beachten?«

»Normalerweise müsste das so funktionieren. Wenn Liebe 3.0 und Vertrauen 6.2 einwandfrei laufen, kann auch Ego 4.1 keinen Schaden mehr anrichten.«

»Prima, dann wünsche ich Ihnen ein frohes Fest und danke für Ihre schnelle und kompetente Hilfe.«

»Ja, das wünsche ich Ihnen auch … von Herzen«, erwiderte Jan lächelnd.

Liebe heilt

Carmen heulte sich bei ihrer Freundin Sibylle aus. Sie erzählte ihr, dass sie so langsam nicht mehr wisse, wie sie den Zugang zu ihrer Tochter finde. Sie sei zwar jetzt in der Pubertät und schrecklich zickig, aber trotzdem müsse es doch irgendwie möglich sein, sie zu erreichen.

»Wann hast du deine Tochter das letzte Mal so richtig herzlich umarmt?«, fragte Sibylle.

Carmen überlegte.

»Oh je, das ist schon ziemlich lange her. Als es mir das letzte Mal schlecht ging und ich viel geweint habe, da haben wir uns umarmt.«

»Kinder tun ja auch immer alles Mögliche dafür, dass es den Eltern gut geht. Sie können es nicht ertragen, wenn die Eltern leiden. Sie wollte dich also trösten. Dabei sollte es eigentlich umgekehrt sein. Wann hast du deine Tochter einfach so umarmt? Ohne dass irgendwas war oder dass sie etwas dafür tun musste. Einfach so ans Herz gedrückt eben, aus Liebe?«

»Hmmm, ich glaube, das letzte Mal, als sie ein Kind war … ein kleines Kind! Mir fällt das aber auch schwer, sie aus heiterem Himmel zu umarmen.«

»Was glaubst du, was sich dadurch verändern könnte?«

»Durch eine Umarmung? Ich weiß es nicht. Meine Tochter wäre wahrscheinlich irritiert.«

»Ja, du würdest damit ein Muster durchbrechen. Bisher musste deine Tochter etwas tun, um anerkannt zu werden. Sie kämpft um deine Liebe, indem sie zickig und abweisend ist. Denn so ist ihr zumindest deine Aufmerksamkeit sicher.«

»So hab ich das noch nie gesehen. Aber was soll ich machen? Ich kann doch nicht einfach zu ihr hingehen und sie umarmen. Mir fällt das echt schwer. Meine Eltern haben mich auch nie einfach so umarmt. Ich habe gar nicht gelernt, wie das geht.«

»Dann werde ich dich ab sofort öfter umarmen. Einfach so. Und ich werde dir dabei jedes Mal ein ›Liebe heilt‹ ins Ohr flüstern.«

Carmen bekam schon bei der Vorstellung feuchte Augen. Sie merkte in dem Moment, wie sie selbst der Liebe entzogen worden war. Dadurch, dass sie es nie gelernt hatte, konnte sie auch ihre Tochter nicht umarmen. Sie wusste, wenn sie dieses Muster nicht durchbrach, würde auch ihre Tochter später niemanden herzlich umarmen können.

»Danke, Sibylle. Ich habe zwar keine Ahnung, wie ›einfach so umarmen‹ geht, aber wir können es ja versuchen und schauen, was passiert. Und vielleicht bekomme ich es dann auch irgendwann hin, meine Tochter in den Arm zu nehmen.«

»Ja, schau einfach, was passiert. Manchmal ist es so leicht, obwohl es so schwer erscheint. Liebe ist die Antwort auf viele Fragen. Öffne dein Herz und vertraue. Liebe heilt«, sagte Sibylle, während sie ihre Freundin in die Arme nahm.

Und da liefen sie schon, die Tränen …

Die Gefühle im Eisschrank

Es war einmal ein Eisschrank voller Gefühle. Sie waren total verhärtet und konnten sich kaum mehr bewegen. Alles war vereist, die Gefühle waren erstarrt.

Die Wut maulte: »Ich bin hier, weil viele Menschen mich nicht mehr fühlen wollen. Man könne mich wohl nicht aushalten, wurde mir gesagt. Weil ich so impulsiv sei. Und manchmal auch boshaft. Dabei will ich doch nur, dass sie mich spüren, wenn sie gegen sich selbst handeln. Immer, wenn ich in jemandem brodele, sind das Zeichen. Aber die Menschen stoßen mich weg, wollen mich anderen überstülpen und suchen die Schuld bei den Mitmenschen. Aber so geht das nicht. Wer mich wegstößt, entfernt sich nur weiter von sich selbst. Ich möchte bejahend gefühlt werden, damit ich mich verwandeln kann. Wenn die Menschen wüssten, dass ich wichtig bin, um den Zugang zur eigenen Seele wiederzufinden, sie würden sich bestimmt auf mich einlassen.«

»Und ich bin hier, weil ich angeblich etwas auslöse, was die Menschen nicht ertragen können«, beschwerte sich die Traurigkeit. »Sie wollen sich nicht mit Tränen zeigen, weil sie glauben, sie könnten dann als schwach dastehen. Dabei sind die Menschen beides. Schwach und gleichzeitig stark. Solange sie mich aber ablehnen, werden sie darunter leiden. Denn sie lehnen ab, was da ist. Ich kann nicht verschwinden und werde so lange bei den Menschen an die Tür klopfen, bis sie mir aufmachen. Auch ich möchte integriert und angenommen werden!«

Die Einsamkeit saß traurig in einer Ecke und meinte: »Mich unterdrücken auch die meisten Menschen, dabei bin ich so wichtig. Weil ich den Weg ins Glücklichsein ebne. Aber viele Menschen hassen mich. Sie denken, ich will ihnen etwas Böses. Dabei merken sie durch mich, dass sie sich selbst verleugnet haben und nicht mit sich allein sein können. Ich will ihnen helfen, dass sie erkennen, welche Schätze sie in sich tragen. Wenn sie mir doch nur mal erlauben würden, da zu sein, würden sie viel schneller wieder den Zugang zu sich finden. Im Alleinsein ist man nämlich nicht einsam. Das Gegenteil ist der Fall. Die Menschen sind so wertvoll und könnten durch mich erkennen, was alles in ihnen steckt. Aber sie organisieren stattdessen ihr Leben, planen sich alles zu und haben kein erfülltes, sondern ein volles Leben, ohne dass ihnen das bewusst ist.«

Die Aggression meldete sich auch zu Wort: »Es ist grausam, abgelehnt zu werden. Bin ich wirklich so schlimm? Die Menschen sagen, ich wäre für das Unheil der Welt verantwortlich. Dabei hab ich eine so wichtige Botschaft für die Menschheit. Wer mich fühlt, wird seine Lebenskraft wiederentdecken. Ich bin voller Energie, die viele verloren haben. Weil sie sich von mir abschirmten. Sie verdrängen mich und passen sich an, um bloß keinem zu nahe zu treten. Aber das ist doch nicht die Lösung.«

»Ja, das kann ich gut verstehen«, sagte der Neid. »Auch mit mir können die Menschen nicht umgehen. Ich bin zwar da, werde aber gern verdrängt. Meine Botschaft ist sehr klar. Ich diene den Menschen dazu, zu erkennen, welche Bedürfnisse sie selbst unterdrücken. Sie sind nur dann neidisch, wenn andere Menschen das haben, was sie auch gern hätten. Sie vergleichen sich stets und schauen mit verurteilenden Augen auf sich selbst. Sie haben das eigene Potenzial noch nicht erkannt. Wenn die Menschen zu ihren Gefühlen und Bedürfnissen stehen würden, bräuchte ich gar nicht erst zu entstehen. Aber wenn ich da bin, will ich beachtet und angenommen werden! Denn durch mich gehen sie den Weg in die innere Freiheit. Wenn sie wissen, wieso ich da bin, können sie erkennen, welche Schätze sie selbst sind.«

Die Intuition konnte ihre Worte auch nicht mehr länger zurückhalten: »Was glaubt ihr denn, wie man sich fühlt, wenn man nicht wahrgenommen wird, nur weil der Kopf immer dazwischenfunkt? Er meint, alles besser zu wissen, dabei könnte er mir voll und ganz vertrauen und bräuchte kaum noch was zu tun. Manchmal glaube ich, die Menschen haben deswegen gelernt, mit dem Kopf zu entscheiden, um zu leiden. Und dann tun sie es immer und immer wieder. Sie ignorieren mich quasi. Dabei bin ich der Schlüssel zur Freude und zum Vertrauen. Wer sich wieder auf mich einlässt, wird ein wesentlich leichteres Leben führen können. Aber wie die Einsamkeit schon sagte: Wenn die Menschen ihre Kalender füllen, haben sie ein volles Leben – aber kein erfülltes. Mich nimmt man am besten wahr, wenn es ruhig ist. Deshalb werde ich leider oft erst in Phasen der Krankheit wahrgenommen. Denn in diesen Zeiten kommt der Mensch zur Ruhe. Und wenn der Körper ruht, dann hören die Menschen Stimmen, zu denen sie lange Zeit keinen Zugang hatten. Viele haben Angst davor, sich selbst zu begegnen, und flüchten sich in den Alltagslärm. Mich hören sie nur, wenn es ruhig ist. Denn ich bin nicht laut. Ich bin leise, dafür ständig präsent. Nur müssten die Menschen dafür ihr Leben entschleunigen und innehalten.«

Die Enttäuschung saß auf einem Eiswürfel und verstand die Welt nicht mehr. »Kann mir mal irgendwer sagen, wieso die Menschen denken, ich sei so schlimm? Alle fluchen, wenn sie mich erleben, und zeigen boshaft mit dem Finger auf andere Leute. Als wenn die anderen etwas dafür könnten. Eigentlich müssten sie mir dankbar sein, denn ich helfe ihnen, die Illusion, die sie sich aufbauen, zu erkennen. Sie erlangen Klarheit durch mich. Wenn die Menschen sich täuschen, dann muss doch irgendwer kommen und ihnen das verständlich machen, oder nicht?! Ich wünschte mir so sehr, die Menschen würden bei sich bleiben, wenn ich da bin, und verstehen, dass ich ihnen nur zum inneren Frieden verhelfen möchte.«

»Ja«, sagte die Ohnmacht, »das kenne ich sehr gut. Das ist bei mir ähnlich. Ich bin auch nur ein Zeichen dafür, dass die Menschen ihre Macht über sich abgegeben haben. Sie fühlen sich hilflos und ohnmächtig, suchen Schuldige für ihre Gefühle, dabei bräuchten sie bloß den Blick nach innen zu wenden. Wenn ich doch nur sein dürfte, würden sie die Macht über sich selbst wiedererlangen. Sie würden die Ohnmacht spüren und den Schmerz dadurch befreien. Aber solange sie mich fernhalten wollen, werde ich immer wieder erscheinen. Solange sie mich nicht befreien, werden ihnen immer wieder Menschen begegnen, mit denen sie Abhängigkeiten pflegen, die ihnen nicht guttun. Statt darauf zu schauen, quälen sie sich und leiden.«

Die Angst meldete sich auch zu Wort: »Ich glaube, ich bin das schrecklichste Gefühl von allen. Zumindest vermitteln die Menschen mir das. Überall scheine ich zu sein und nur Böses zu wollen. Dabei existiere ich gar nicht mal in echt. Ich bin nur eine Illusion. Aber es hat einen Grund, wieso die Menschen mich erschaffen. Sie brauchen anscheinend so etwas. Weil sie sich selbst nicht vertrauen. Sie kreieren sich Ängste, lassen sich von außen welche auferlegen und verstricken sich in einem Sein, das nicht zu ihrem Herzen passt. Die Kluft zwischen dem, der sie sind, und dem, der sie sein wollen, wird so immer größer. Bis sie es merken. Nur dann bin ich schon so stark, dass sie keine Wahl mehr haben. Sie müssen mich sehen. Sie müssen durch mich hindurch. Nur so werden sie wieder zu sich finden. Zu ihrem Herzen. Wenn die Menschen mich aber ablehnen, werden sie von mir beherrscht, ohne dass ihnen das bewusst ist. Auch ich möchte mit allen Gefühlen, die ich mitbringe, gefühlt werden. Wer sich auf mich eingelassen hat, wird merken, dass er mich nicht mehr braucht. Es hört sich paradox an, und ich weiß, dass einige mich nicht verstehen können, aber jeder, der mich durchlebt hat, wird wissen, was innere Freiheit wirklich bedeutet.«

Aber dann kam der Hass: »Liebe Angst, ich möchte dir nicht zu nahe treten, aber wenn du mitbekommen würdest, wie die Menschen mich verdammen. Glaub mir: Ich bin das größte Übel unter allen Gefühlen. Keiner will mich fühlen. Ich bin ja auch schrecklich, könnte man meinen, wenn man meine Botschaft nicht kennt. Manche haben so oft gegen sich selbst gehandelt und getan, was andere von ihnen erwarteten, dass sie diese anderen irgendwann dafür hassten. Dabei hassen sie sich im Grunde genommen nur selbst. Dafür, dass sie nicht zu sich stehen. Zu dem, was sie wirklich wollen. Zu dem, wofür ihr Herz brennt. Sie trauen sich nicht zu sagen, was sie denken und fühlen. Und das führt dazu, dass sie gegen sich selbst handeln. Ich kann nur entstehen, wenn die Menschen sich selbst verleugnen.

Wenn ich da bin, möchte auch ich gefühlt werden. Aber die Menschen, die es immer anderen recht machen, wollen das nicht. Weil ich angeblich böse bin. Und sie wollen vor anderen immer als lieb, nett und brav dastehen. Aber es geht genau darum. Die, die sich ständig angepasst haben, müssen auch die Seite fühlen, die sie immer ablehnten. Ich bin nicht böse, sondern ein Wegweiser zum inneren Frieden und zur Liebe.

Plötzlich ruckelte der Eisschrank. Es war, als wenn jemand mit aller Macht die Tür öffnen wollte. Es war die Liebe, die ihre ganze Kraft einsetzte, die Gefühle zu befreien. Es war an der Zeit, dass diese Kälte ein Ende hatte und alle Gefühle sich zeigen durften. Obwohl alles vereist war, schaffte die Liebe es, die Tür zu öffnen. Ihre Wärme durchflutete den Eisschrank, und alles, was zuvor hart war, wurde weich. Das Eis löste sich und tropfte als Flüssigkeit heraus. Je länger der Eisschrank geöffnet war, desto beweglicher wurden die Gefühle. Sie freuten sich darüber, dass diese Starre ein Ende hatte, obwohl die Befreiung selbst schmerzte. Jede Bewegung tat zu Beginn weh, aber sie wussten, dass das die einzige Möglichkeit war, nach draußen zu kommen. Nacheinander fanden alle Gefühle den Weg in die Freiheit.

Als Letzter erreichte der Hass das Tageslicht. Er schaute der Liebe in die Augen, und während sie sich umarmten, sagte er tief berührt und von Herzen: »Danke!«

Mit Mut durch die Angst

»Dieses Jahr wird unsere Wanderung ein Abenteuer«, eröffnete der Wanderführer den Abend, bei dem er seine Tour vorstellte, die er jährlich im Frühjahr für dreißig Wanderer organisierte. Jedes Jahr ließ er sich etwas Neues einfallen. Dieses Mal hatte er entschieden, eine Wanderung auf den sogenannten Lebensberg durchzuführen.

»Viele behaupten, dass kaum jemand diesen Berg bis zum Gipfel schafft, aber man weiß nichts Genaues, denn die Menschen, die ihn bestiegen haben, sprechen nicht über das, was ihnen widerfahren ist«, sprach er weiter.

Ein Wanderer hakte sofort ein: »Da gehe ich nicht mit. Wenn den so viele andere schon nicht erklommen haben, wie soll ich es dann schaffen? Ich bin eh immer so schnell aus der Puste!«

Ein anderer sagte: »Ihr kennt mich ja schon. Ich bekomme Angst, wenn ich nicht weiß, wohin der Weg führt. Abenteuer mag ich nicht. Dann bleibe ich lieber im Tal. Da kenne ich mich wenigstens aus!«

Es gab unterschiedliche Stimmen, aber die meisten entschieden, sich auf diesen Weg einzulassen.

Am Tag der Wanderung richtete der Bergführer zu Beginn folgende Worte an die Gruppe: »Auf dieser Wanderung habt ihr viel Freiraum. An den Stellen, wo runde, rote Schilder stehen, sammeln wir uns. Eine Bitte hätte ich noch. Wenn ihr nicht weiterwisst oder irgendwelche Hindernisse auftauchen, sprecht mit mir. Ich weiß um die Gefahren auf dem Weg. Markiert nicht den Starken, sondern zeigt eure Schwächen und bittet um Hilfe! Es ist völlig okay, mal nicht weiterzuwissen.«

Nach diesen Worten marschierte die Gruppe los. Der Weg war steil und steinig. Nach einer Stunde anstrengender Wanderung gelangten alle an den zweiten Sammelpunkt. Ein Wanderer fragte erschöpft: »Wie weit ist es noch? So langsam bezweifele ich, ob ich weiter mitgehen möchte. Noch nie bin ich so ziellos durch die Gegend gewandert. Bisher war immer klar, was uns erwartet, wenn wir wandern. Aber dieses Mal ist es anders. Auf ›nichts‹ zuzusteuern löst in mir Unwohlsein aus! Müssen wir anschließend zu Fuß runter? Wieso erfahren wir nicht, wie es weitergeht?«

Der Bergführer antwortete: »Es geht nicht darum, diesen Berg in einer gewissen Geschwindigkeit zu schaffen. Und es geht auch nicht darum, zu wissen, was danach kommt. Auf dieser Wanderung geht es einzig und allein darum, dass wir wahrnehmen, was ist, und achtsam sind. Dass wir merken, wann uns die Puste ausgeht und wir Pausen einlegen sollten. Wir können keine Zeit festlegen, weil wir nicht wissen, was uns noch begegnet. Es geht darum, dass wir uns den Herausforderungen stellen, die unseren Weg kreuzen. Das ist allerdings auf jeder Wanderung so unterschiedlich, dass ich keine Zeit benennen kann. Möchtest du dich darauf einlassen?«

»Also, ich glaube, ich gehe zurück!«, sagte der Wanderer genervt.

»Ihr dürft alle jederzeit zurückgehen. Ihr entscheidet, was in eurem Leben passiert. Ich werde niemanden aufhalten oder zu etwas drängen, was er nicht möchte.«

»Ich drehe um. Dann weiß ich wenigstens, dass ich in einer Stunde wieder zu Hause bin. Hätte ich das vorher gewusst, wäre ich gar nicht erst mitgegangen. Jetzt habe ich nur Zeit verplempert! Kommt noch jemand mit zurück?« Tatsächlich kehrten an dieser Stelle viele Wanderer um. Nur sechs wollten weitergehen, obwohl die Wanderung hart war. Aber sie waren fest entschlossen. Oft kamen sie allein nicht weiter und mussten sich die Hände reichen. Sie kämpften mit ihren Kräften und pausierten immer wieder, um nicht schlappzumachen.

Dann passierte etwas, worauf niemand vorbereitet war: Ein Wanderer knickte um und konnte nicht wieder aufstehen.

»Ich kann so nicht weitergehen. Was sollen wir nur tun?«, fragte er, hilflos am Boden sitzend.

Der Bergführer sagte absichtlich nichts. Alle anderen schwiegen auch, keiner wusste Rat. Der verletzte Wanderer rang mit den Tränen: »Ich weiß, dass alle mit ihren Kräften am Ende sind. Aber ich möchte diesen Weg gehen. Nur allein schaffe ich das nicht. Ich weiß auch, dass ich damit fast Unmögliches verlange, aber würdet ihr mich abwechselnd stützen?«

Die restlichen fünf Wanderer guckten sich an. Mit ihren Blicken einigten sie sich wortlos. Einer antwortete im Namen aller mit einem klaren: »Ja, das werden wir!«

Durch dieses Ereignis wurden in der Gruppe plötzlich Kräfte frei, die jeder für sich allein nicht gehabt hätte.

Während sie sich durch die Natur kämpften, sagte plötzlich einer von ihnen: »Schaut mal, seht ihr diesen Felsen dort? Die kleine Blume darunter – ist das nicht ein blauer Enzian?«

Je näher sie an den Felsen kamen, desto besser sahen sie, was sich unter ihm ausbreitete. Eine ganze Wiese voll mit blauem Enzian. Fasziniert standen sie davor und waren sprachlos. Was für ein wundervoller Anblick!

»Wie gut, dass wir so langsam gegangen sind. Vielleicht wären wir sonst daran vorbeimarschiert. Ich habe die Natur noch nie in einer solchen Schönheit wahrgenommen.«

Nach diesem wunderbaren Moment setzten sie den Weg fort. Am frühen Abend, die Dämmerung setzte schon ein, entdeckten sie ein Haus in der Ferne. Sollten sie etwa angekommen sein? Je näher sie kamen, desto einladender sah es aus. Das Licht brannte, und Lichterketten schmückten den Eingang. Als sie davor standen, konnten sie auf einem Schild lesen:

»Du bist nun da. Im Café des Lebens. Tritt ein und fühle dich wohl! Hinter unserem Café führt dich ein Lift wieder nach unten. Genieße den Augenblick!«

Dem verletzten Wanderer brannte etwas auf der Seele: »Bevor wir reingehen, möchte ich euch etwas erzählen. Etwas Persönliches. Ich bin in einem Kinderheim groß geworden, musste mich stets allein durchboxen und bin heute ein gestandener Geschäftsmann. Ich konnte nie gut um Hilfe bitten. Aber als ich nach dem Sturz am Boden lag, ging es nicht anders. Ich brauchte Mut, mich so zu zeigen. Deshalb möchte ich euch von Herzen danken, dass ihr mich auf meinem Weg gestützt habt. Damit habe ich verstanden, dass ich nicht alles allein meistern muss. Ich darf um Hilfe bitten. Ich konnte mich, wie seit Langem nicht mehr, voller Vertrauen fallen lassen.«

Ein anderer Wanderer, der von diesen Worten tief berührt war, sagte daraufhin mit Tränen in den Augen: »Ich möchte mich auch bedanken. Ich war es gewohnt, dass andere für mich Verantwortung übernehmen. Und somit auch über mich entscheiden. Ich war eine Marionette, die an den Fäden anderer tanzt. Als der größte Teil der Gruppe umkehrte, wurde eine Stimme in mir wach, die ganz deutlich sagte: ›Du gehst weiter! Nimm den Weg auf dich. Hab den Mut und geh, auch wenn es anstrengend ist!‹ Dann kam der Sturz, und ich wusste genau: Wir gehen weiter! Gemeinsam! Und ich werde eine Stütze sein! Mit einem Mal spürte ich Entschlossenheit in mir. Auf dieser Wanderung durfte ich erkennen, wie wichtig es ist, Verantwortung im Leben zu übernehmen. Dass ich heute mit dieser Entscheidungsfreude nicht nur mir, sondern auch jemand anderem helfen konnte, war das größte Geschenk, das ich bekommen konnte.«

Daraufhin umarmten sich die Wanderer, blieben eine Weile im Kreis stehen, schwiegen und genossen sich und diesen Moment. Sie wussten genau, weshalb sie am Café des Lebens angelangt waren. Sie hatten nach dieser Wanderung etwas Wichtiges begriffen:

Während die einen in ihrer Angst verharren, gehen die anderen mutig ihren Weg. Sie stellen sich den Herausforderungen des Lebens und wissen: Der Sinn des Lebens ist leben. Mit allem, was es zu bieten hat.

Was ist eigentlich eine gute Mutter?

»Ich habe als Mutter versagt«, schrieb Jutta Krüger kürzlich ihrer Therapeutin.

In einem anschließenden Telefonat stellte sich heraus, dass sie glaubte, ihrem Muttersein nicht gerecht zu werden, weil die Tochter immer noch keinen vernünftigen Job hatte, nur miserable Schulzeugnisse aufweisen konnte, noch zu Hause lebte, keinen Freund hatte und so fort.

Die Therapeutin fragte daraufhin: »Wer bestimmt eigentlich, wie eine Mutter zu sein hat?«

Jutta wusste darauf spontan keine Antwort, und so sprach die Therapeutin weiter: »Viele Mütter glauben von sich, erst dann einen guten Job zu machen, wenn die Kinder glücklich sind, sozial sind, Freunde und gute Noten haben, wenn sie erfolgreich sind, und so weiter.

Was wäre, wenn es gar nicht erforderlich ist, eine gute Mutter zu sein? Wenn es einfach nur darum geht, Verantwortung für das Muttersein selbst zu übernehmen? Was wäre, wenn es reicht, dem Muttersein ein bedingungsloses Ja zu schenken?

Ja, ich bin Mutter.

Ja, ich tue mein Bestmögliches.

Ja, ich liebe meine Kinder.

Ja, manchmal bringen sie mich auf die Palme.

Ja, das Muttersein ist bunt.

Ja, durch meine Kinder lerne und wachse ich.

Ja, ich bin bereit, Mutter zu sein.

Die Bewertung als gut oder schlecht führt dazu, dass Mütter sich messen. An wem auch immer. Meistens schneiden sie dabei schlecht ab und gehen hart mit sich ins Gericht. Sie verurteilen sich für dieses und jenes. Und sie leiden darunter.

Frau Krüger, gesetzt den Fall, Ihr selbst auferlegtes ›Wenn‹ tritt nicht ein. Wie denken Sie als Mutter dann über sich?«

»So, wie ich jetzt denke. Dass ich in meinem Job als Mutter versagt habe.«

»Genau, Sie fühlen sich erst dann wohl, wenn ein bestimmtes Ergebnis eingetreten ist. Und so lehnen Sie Ihr Muttersein permanent ab, weil Sie glauben, nicht zu genügen. Wie würde es sich auswirken, wenn Sie als Mutter Ihrem Kind gestatten würde, anders zu sein?«

»Mein Kind ist ja anders als ich. Ganz anders sogar. Nur will ich das nicht«, musste die Mutter schon grinsen.

Die Therapeutin lächelte.

»Wir leben in einer Leistungsgesellschaft. Das spiegelt sich auch oft im Muttersein wieder. Bitte legen Sie Ihre Latte weiter runter. Sie müssen Ihrem Kind gegenüber keine Leistung erbringen. Öffnen Sie Ihr Herz für das Muttersein, und schenken Sie Ihrem Kind Liebe, Glaube und Vertrauen. Vermitteln Sie Ihrem Kind, dass Sie für es da sind und hinter ihm stehen wie ein Fels in der Brandung. Möge kommen, was wolle.«

»Ich werde es versuchen. Danke.«

»Auch im Muttersein geht es nicht darum, irgendwelchen Idealen zu entsprechen. Jeder macht es, so gut er kann.

Verurteilen Sie sich nicht ständig. Lassen Sie sich stattdessen ein. Auf das Leben als Mutter und die Herausforderungen, die es mit sich bringt. Wehren Sie sich nicht gegen das, was ist oder kommt. Kinder sind ein wunderbarer Spiegel, der manchmal richtig doof ist. Schauen Sie hinein und seien Sie sanftmütig. Mit sich selbst und Ihrem Kind.«

Im Wartezimmer des Lebens

Viele Menschen sind auf der Suche. Sie setzen sich ins Warte-zimmer und hoffen, dass jemand sie aufruft. Damit sie wissen, wann sie dran sind. Sie warten, dass ihnen jemand sagt, wie das Leben funktioniert. Manche gehen sogar regelmäßig zur Anmeldung und fragen, wie lange es noch dauert. Und sie warten und warten und warten. Ihr ganzes Leben lang war-ten sie auf das Leben. Sie unterhalten sich mit den anderen Wartenden und philosophieren über den Sinn des Lebens.

Sie könnten ja gut, wenn …
Wenn sie nur dies oder jenes hätten, dann …
Eigentlich wollen sie ja auch, aber …

Ab und zu steht mal jemand auf und sagt: »Mir reicht es jetzt! Das dauert mir alles zu lang. Irgendwie hab ich das Gefühl, dass nie jemand kommt und mich aufruft. Ich nehm das jetzt selbst in die Hand!«

Der wird dann erst mal belächelt. Denn die Wartenden sind noch in der Überzahl. Aber je voller die Wartezimmer werden, desto stickiger wird die Luft. Der Platz wird enger, immer mehr Menschen fühlen sich dort nicht mehr wohl.

Sie treffen für sich eine Entscheidung und verlassen das Wartezimmer. Denn sie erkennen plötzlich: Der Sinn des Lebens ist, es zu leben!

Und spätestens im Himmel treffen sie wieder aufeinander. Während die einen von Sonnenschein, Regen, Tränen, Lachen und Leben erzählen, können die anderen nur von vier Wänden berichten. Denn etwas anderes haben sie nie gesehen.

Ja, so ist das mit dem Leben.

Das Monster
im Kopf

Als Henri abends von seiner Mama vor dem Schlafengehen eine Geschichte vorgelesen bekam, fragte er: »Mama, kannst du mal hinter dem Vorhang gucken, ob da ein Monster ist?«

Die Mutter war entsetzt: »Wie kommst du denn darauf? Es gibt keine Monster. Und nun leg dich hin.«

Aber Henri ließ nicht locker. Er wollte unbedingt, dass seine Mutter hinter den Vorhang blickte. Sie gab daraufhin nach. Nachdem dort aber nichts zu finden war, bekräftigte sie nochmals ihre Meinung: »Siehst du, Henri, ich sagte dir doch, dass es keine Monster gibt.«

Am nächsten Tag hörte Henri, wie seine Eltern sich unterhielten. In der Firma, wo die Mutter halbtags arbeitete, wurden Stellen abgebaut, und sie hatte nun Angst davor, gekündigt zu werden. Dabei war sie so gut, dass die Firma sich das betriebswirtschaftlich gar nicht leisten konnte. Ihr Know-how reichte manchmal für zwei. Henris Vater versuchte, sie zu stärken.

Irgendwann fragte Henri: »Du, Mama, du hast doch gesagt, es gibt keine Monster.«

»Ja, Henri, das ist richtig. Wie kommst du jetzt darauf?«

»Aber bei dir existieren sie doch auch.«

»Nein Henri, ich bin mir sicher, dass es keine Monster gibt.«

Henri grinste daraufhin seine Mutter an und fragte: »Aber diese Angst, dass du deine Arbeit verlierst, ist das nicht genauso ein Monster wie das hinter meinem Vorhang? Beide gibt es in echt nicht.«

Anerkennung oder Kritik?

Der Erfolgstrainer Jaymond machte eine Deutschland-Tour. Seine Stärke war es, Sinnreiches mit Humor zu verbinden. Und so stand er vor der Menge und malte dies an eine große Tafel:

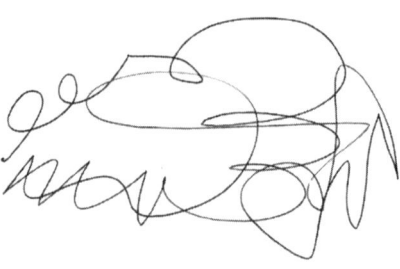

Daraufhin fragte er die Teilnehmer: »Erkennen Sie, was das ist?«

Die Menschen riefen ihm die verschiedensten Dinge zu. Von »Kritzelei« bis hin zu »Kuli ausgelaufen« war alles dabei.

Aber dann meinte Jaymond zu den Zuhörern: »Das erkennt man ja wohl ganz deutlich, was das ist. Ein Elefant! Wenn Sie einem dreijährigen Kind den Auftrag geben, einen Elefanten zu malen, und das Kind malt dann genau dieses Bild, dann sagen Sie doch sicher«, er hob seine Stimme wie ein Erwachsener, der in der Duzi-duzi-Sprache mit Babys spricht, »›Ach, wie toll du das gemalt hast, ein schöner Elefant, du kannst ja schon sooooo gut malen‹. Stimmt's?«

Die Teilnehmer nickten schmunzelnd. Das kannte wohl jeder von zu Hause und vom Umgang mit den eigenen Kindern.

Jaymond malte dann Folgendes an die Tafel:

Daraufhin meinte er: »Wenn das Kind acht ist, sagen Sie zu ihm, es soll noch mal einen Elefanten malen. Dann kommt so etwas dabei heraus und die Eltern werden plötzlich mäkeln: ›Schau mal, mein Kind, ein Elefant hat doch viel größere Ohren. Und der Schwanz ist auch länger.‹ Manche Eltern korrigieren es vielleicht sogar, indem sie die Zeichnung auf dem Blatt übermalen.

Aber, hallo? Ist das nicht skurril? Kann mir irgendjemand erklären, wieso irgendwann der Punkt erreicht ist, an dem die Eltern mehr kritisieren als loben? Ein Elefant, der viel schöner ist als der, den das Kind mit drei Jahren gemalt hat, ist plötzlich nicht mehr schön? Das ist doch verrückt! Haben Sie schon einmal darüber nachgedacht?

Wie ist das denn bei ihnen zu Hause? Hier sitzen viele Frauen. Ich frage Sie: Wenn Sie für drei Stunden das Haus verlassen und Ihr Mann räumt derweil auf, was sagen Sie denn, wenn Sie heimkommen? Wo liegt Ihr Fokus? Kritisieren Sie, dass Sie nun nichts mehr finden, weil er immer alles verkehrt einräumt? Oder loben Sie ihn und bedanken sich, dass er alles aufgeräumt hat?

Oder was sagen Sie, wenn Sie ein Haus betreten, das gerade frisch gebaut wurde? Äußern Sie, was Sie alles anders gemacht hätten? Oder sprechen Sie aus, was Ihnen gut gefällt?

Überprüfen Sie sich einmal selbst. Denn eines kann ich Ihnen ganz sicher sagen: Alle, die wir hier in diesem Raum sind, haben als Kind sehr wahrscheinlich wenig Lob und Anerkennung bekommen und viel mehr Kritik. Die Grundbotschaften, die ein Kind nähren, stärken und aufbauen, sind Sätze wie:

>Schön, dass es dich gibt.<

>Du machst das klasse.<

>Du bist wunderbar.<

>Ich liebe dich, genauso wie du bist.<

>Höre auf dein Herz, probiere alles aus im Leben.<

>Sei aufgeschlossen und spiele, solange du Lust
am Spielen hast.<

Stattdessen hörten wir eher Sätze wie:

>Reiß dich zusammen.<

>Träum nicht so viel.<

>Mama hat dich nur lieb, wenn du dieses oder jenes tust.<

>Sei vernünftig.<

Und so entwickelten wir Muster und Verhaltensweisen, mit denen wir auf uns aufmerksam machten. Ja, wir wollten Anerkennung haben und passten uns deshalb den Erwartungen der Erwachsenen an. Oder es war uns lieber, negative Aufmerksamkeit zu bekommen als gar keine.

Diesen Hunger nach Anerkennung tragen viele Menschen noch als Erwachsene mit sich herum. Sie hecheln im Beruf dem Erfolg und dem Geld hinterher, weil sie denken, dass sie nur mit Leistung Beachtung finden. Sie suchen im Außen, was sie sich selbst im Inneren nicht geben können.

Wenn zwei Menschen zusammen sind, heißt das noch lange nicht, dass sie sich lieben. Viele Partnerschaften basieren auf dem Prinzip des Gebrauchtwerdens. Denn jeder der beiden kann sich selbst nicht geben, was er im Gegenüber sucht. Wenn sich zwei Menschen gegenseitig brauchen, dann sind es Verbraucher. Das hat mit Liebe nichts zu tun.

Fangen Sie an, sich selbst zu nähren. Tun Sie Dinge, die Ihnen Freude machen. Egal, was andere sagen. Erkennen Sie Ihre inneren mahnenden Stimmen, bedanken Sie sich bei ihnen und verabschieden Sie sie dann. Und egal, wer irgendwann mal versucht hat, Ihnen etwas anderes einzureden. Sie sind gut so, wie Sie sind.«

Jaymond machte eine Pause und blickte in die Menge. Er sah etliche Gesichter, die strahlten, und manche, die traurig vor sich hinblickten. Er hoffte, dass er mit seinem Vortrag die verletzten Kinderseelen erreicht hatte. Und dass sich die Menschen auf den Weg machten, um die Gefühle zuzulassen, die sie schon lange verdrängt hatten. Dass sie sie nun spürten und lernten, in Liebe mit sich selbst zu leben.

Wo ist die Welt?

Jemand sagt zu mir: »Ich fühle mich nicht mehr sicher in meinem Deutschland. Wenn Ausländer in mein Geschäft kommen, bekomme ich richtig Angst.«

Ich wundere mich und schweige, weil ich weiß, dass alles, was ich sagen könnte, nicht wirklich verstanden werden würde. Ja, so geht es mir in letzter Zeit öfter. Ich schweige. Dabei würde ich gern mal kundtun, was mir wirklich durch den Kopf geht. Erneut denke ich über die Worte nach und frage mich, was die Person wohl mit »meinem Deutschland« meinen könnte.

Und was meint er mit dieser Unsicherheit?

Ich fühle sie einfach nicht.

Bin ich zu naiv?

Dann sehe ich ein Video, in dem ein Syrer mitten im Kriegsgebiet seiner Hilflosigkeit freien Lauf lässt. »Wohin sollen wir gehen? Wo ist die Welt?«, schreit er in die Kamera. Mir stehen die Tränen in den Augen. Ich kann es mir nicht bis zum Schluss anschauen.

Als ich am selben Nachmittag ins Schwimmbad fahre, sehe ich vier junge Männer. Wahrscheinlich aus Syrien. Einen davon hatte ich dort schon mal gesehen. Er war mir durch sein charmantes Lächeln aufgefallen. Ich nehme Blickkontakt auf. Sie lächeln, ich lächle zurück. Und mir fällt das Video wieder ein, das ich gesehen hatte. Ich finde auf die Frage »Wo ist die Welt?« plötzlich eine Antwort:

Hier.

Ich bin es.

Ein Teil dieser Welt.

Vielleicht ein kleiner, aber ich bin einer.

Und auch ich kann etwas tun.

Und so fasse ich all meinen Mut zusammen und frage einen der Männer: »Sprichst du deutsch?«

»Arabisch«, erwidert er.

Ich lache, er auch.

»English?«, frage ich weiter.

»A little bit.«

»Oh, me too.«

Irgendwann stehen alle vier um mich herum. Wir unterhalten uns mit Händen und Füßen. Mein Englisch ist schlecht. Aber wir verstehen das Wichtigste. Sie sind vor drei Monaten geflohen. Vier Männer, zwei Frauen. Sechs Geschwister im Alter zwischen zwanzig und dreißig. Zwei davon verheiratet, sie haben Kinder. Sie wohnen alle zusammen in einer kleinen Wohnung, dennoch scheinen sie glücklich zu sein. Einer sagt ständig: »I love Germany, Germany is good.«

Während unserer Unterhaltung sagt irgendwann einer zu mir: »I love you.«

Ich versuche ihm zu erklären, dass seine Frau da sicher etwas dagegen hätte. Wir einigen uns dann amüsiert auf: »I like you.«

Der Satz ändert sich vielleicht, aber die dankbar leuchtenden Augen bleiben. Ich denke mir: Wieso habe ich ihm eigentlich »I love you« ausreden wollen? Die Liebe scheint allgegenwärtig. Es ist nicht die Liebe zwischen Mann und Frau. Sondern zwischen Mensch und Mensch.

Meine Gedanken laufen die ganze Zeit auf Hochtouren. Meine eigenen Probleme werden immer unwichtiger. Als ich im Gespräch fragte, ob die ganze Familie hier sei, sagte einer: »Yes, nobody died.«

Der Satz geht tief. Im Schwimmbad fallen meine wässrigen Augen nicht auf. Aber ich bin berührt.

Die Verständigung ist holprig, dafür lachen wir viel. Es ist lustig, nicht dieselbe Sprache zu sprechen und mit den ulkigsten Handzeichen weiterkommen zu wollen.

Am Abend ist ein Treffen: »Hoffnungslicht für Syrien«. Dafür haben wir uns verabredet. Und wieder begrüßen wir uns unter hundert Menschen mit einem Lächeln. Es regnet, ich habe einen kleinen Schirm. Aber genug Platz, um einen der vier mit darunterzunehmen.

Dann fällt mir etwas auf. Wir haben die Brücke der Verständigung bereits geschlagen. Eine Sprache, die überall gleich ist. Es fing damit an und es endet damit: Wir lachen gemeinsam.

Einer der Brüder schreibt mir seine Handynummer auf. Ich solle mal die Familie besuchen kommen. Als ich anderen davon erzähle, höre ich: »Sei vorsichtig!«, und wieder frage ich mich: Bin ich zu gutgläubig? Muss ich wirklich aufpassen? Worauf denn eigentlich genau? Ich verwerfe die Fragen wieder, weil ich keine Antworten finde.

Ich frage mich, wieso das Empfinden so unterschiedlich ist. Wenn der Glaube an den Frieden stark genug ist, kann es dann sein, dass Angst und Unsicherheit keinen Platz haben?

Ich habe jedenfalls eins für mich verstanden:
Ich bin ein Teil dieser Welt.

Ich bin ein Mensch, genauso wie jeder Flüchtling auch. Ja, wir sind alle Menschen. Egal, welcher Nation oder Hautfarbe. Und ich bin fest davon überzeugt, dass wir in Frieden zusammenleben können.

Die Tür zum Leben

»Papa, ich möchte in einen Malkurs«, sagte die sechsjährige Lotta.

»Was möchtest du denn dort?«

»Malen, Papa! Einfach malen!«

»Aber Kind, du hast schon deinen Computer- und deinen Englischkurs. Da bleibt dafür wirklich keine Zeit.«

»Das macht mir aber keinen Spaß«, schmollte Lotta.

»Aber das ist wichtig – das wirst du brauchen, wenn du erwachsen bist, Kleines.«

»Jetzt möchte ich aber lieber malen«, motzte sie.

»Das verstehe ich ja. Aber wenn du groß bist, brauchst du einen vernünftigen Job.«

»Genau, ich möchte Malerin werden«, sagte Lotta begeistert.

»Aber Lotta, damit kannst du doch kein Geld verdienen.«

»Und wie verdient man Geld?«

»Mit einem guten Job.«

»Was ist denn ein guter Job?«

»Eine feste Stelle, wo du viel Geld verdienst. Mit Kunst geht das nicht.«

»Wofür brauche ich denn viel Geld?«

»Das kannst du jetzt noch nicht verstehen. Du bist noch ein Kind.«

»Ja klar, Papa, natürlich bin ich noch ein Kind.«

»Aber du bist schon ein großes Kind. Deshalb wird es Zeit, dass du etwas für dein Leben verstehst: Wenn du fleißig lernst, kannst du die Uni besuchen oder ein Fachabitur machen. Danach bekommst du viel leichter einen Job mit einem guten Gehalt. Wenn du einen Job mit gutem Gehalt hast, brauchst du dir um Geld keine Sorgen zu machen.«

Lotta fragte: »Ich bekomme das alles also nur, wenn ich keine Malerin werde?«

»Ja, genau«, antwortete der Vater.

»Werde ich mit mehr Geld glücklicher sein, als wenn ich das mache, was mir gefällt?«

»Ja, ich denke schon. Vielleicht auch nicht. Aber du musst dir auf jeden Fall keine Sorgen um Geld machen und hast später eine gute Rente.«

»Ist Rente was zum Spielen?«

»Nein, Lotta, wenn du erwachsen bist, hast du keine Lust mehr zu spielen.«

»Dann will ich nicht erwachsen werden.«

»Jeder wird erwachsen. Das kannst du nicht verhindern.«

»Hast du das alles so gemacht?«, wollte Lotta wissen.

»Ja.«

»Bist du jetzt glücklich?«

»Ja.«

»Hast du keine Sorgen?«

»Nein.«

Das sagte der Vater oberflächlich daher, aber die Fragen gingen tief. Mit jeder Antwort bekam er ein flaueres Gefühl in der Magengegend.

Stimmte das wirklich, was er seinem Kind gerade erzählte?

Er hatte auch oft Sorgen, und glücklich war er nicht immer. Aber seinem Kind gegenüber konnte er das doch nicht zugeben. Oder doch?

Lotta meinte dann: »Okay, Papa, dann mache ich das jetzt so wie du. Ich lerne Englisch und gehe in den Computerkurs, damit ich mal gutes Geld verdiene und glücklich werde.«

»Warte, Lotta!«, wandte der Vater spontan ein.

»Ja, was?«

»Nimm ein Blatt Papier. Wir malen.«

»Zusammen? Wir beide?«, fragte Lotta mit glänzenden Augen.

»Ja«, meinte der Vater.

»Aber das ist doch nicht gut für meine Zukunft.«

Der Vater lächelte und sagte dann überzeugend: »Doch, Lotta, das ist genau das Richtige für deine Zukunft. Und womöglich für meine auch.«

Er hatte in diesem Moment begriffen, dass nichts, was du heute tust, garantiert, dass du später Geld verdienst. Geld kann das Leben manchmal erleichtern, aber es gibt dem Leben keinen Sinn. Auch wenn viele denken, dass Geld glücklich macht.

Seit diesem Tag malten die beiden regelmäßig, gingen öfter zum Spielplatz und alberten miteinander herum. Ohne dass es dem Vater wirklich bewusst war, hatte er in dem Moment, als Lotta das Blatt holen durfte, Türen geöffnet, die lange Zeit verschlossen waren.

Die Tür zum Herzen.
Die Tür zum inneren Kind.
Die Tür zum Leben.

Kinder sind weise.

Lasst uns sie ernst nehmen.

Ein Ungeborenes spricht

Als ich vierzehn Wochen im Bauch war, sagten viele zu Mama: »Ich hab gehört, du bist schwanger. Herzlichen Glückwunsch.«

Und sie entgegnete: »Na ja, eigentlich war es ein Unfall. Wir hatten noch keine Kinder geplant. Aber jetzt, wo es so weit ist, müssen wir uns damit anfreunden. Das wird schon irgendwie werden.«

Sie freute sich nicht auf mich? Ich war nicht geplant? Ein Unfall? Ob sie nicht wusste, dass ich schon hören konnte, was sie über mich sagte?

Wenn Papa gratuliert wurde, sagten viele: »Jetzt, wo du arbeitslos bist, ist das mit einem Kind aber bestimmt auch nicht so einfach, oder?«

Er antwortete besorgt: »Wir wissen auch noch nicht genau, wie wir das hinbekommen. Irgendwie wird es schon gehen. Aber die Angst, dass wir das Kind nicht satt bekommen, sitzt uns die ganze Zeit im Nacken. Wir kratzen ja jetzt schon am Existenzminimum.«

Er hatte Angst, dass ich nicht satt würde? Wie sollte ich mich so auf ein erfülltes Leben freuen? Wusste er auch nicht, dass ich schon hörte, was er von sich gab?

Mama redete sehr oft mit ihrer besten Freundin über mich. Es ging darum, wie sie die Zukunft gestalten sollte. Mama zweifelte sehr stark, ob sie dem Ganzen gewachsen wäre.

Als es darum ging, ob ich ein Kinderzimmer bekommen sollte, entschieden sie sich dagegen: »Wir haben nun ein billiges Bettchen gekauft. Das muss reichen. Wir können unserem Kind kein Paradies erschaffen. Es wird erst mal in unserem Schlafzimmer schlafen. Wir hoffen, dass es nicht so viel schreien wird. Sonst bekommen wir auch noch nachts die Krise. Es reicht, wenn wir uns tagsüber den Herausforderungen stellen müssen.«

Papa hatte zu Beginn gefragt: »Wollen wir das Kind nicht abtreiben? Es passt einfach gerade nicht in unser Leben und unsere Lebenssituation.«

Doch Mama war dagegen.

»Das schaffe ich nicht. Ich kann kein Leben töten«, sagte sie immer.

Dabei tötete sie mich mit ihren verurteilenden Gedanken, den Selbstzweifeln und den abwertenden Worten mehr, als ihr bewusst war. Sie stahl mir mein Leben, bevor ich das Licht der Welt erblickt hatte.

Ich konnte all das nicht mehr hören. Diese ganzen Sorgen und Ängste. Wie sollte ich die (er)tragen? Meine Seele war noch so zart, so rein und unbekümmert.

Deshalb legte ich mich falsch herum, in der Hoffnung, den Weg nach draußen zu blockieren. Aber die Ärzte schnitten einfach den Bauch meiner Mama auf und holten mich heraus.

Als ich da war, waren Mama und Papa hin- und hergerissen. Auf der einen Seite glücklich, auf der anderen Seite voller Sorgen, ob sie dieser Situation gewachsen wären.

Ob wir arm waren oder reich, das war mir wirklich egal, aber die emotionalen Grundbedürfnisse eines Kindes sind der Nährboden für die Wurzeln. Und genau diese wären hier verkümmert.

Ich wurde nicht willkommen geheißen auf dieser Welt. Mir wurde keine Sicherheit vermittelt, die mir den Rücken gestärkt hätte, und über die Liebe hatten sich jede Menge Ängste und Sorgen gestülpt. Deshalb musste ich für mich eine Entscheidung treffen.

Nach sechs Wochen bin ich abends einfach eingeschlafen und nicht mehr aufgewacht.

Mama und Papa weinen nun. Sie wissen nicht, wieso ich gehen wollte. Aber ich bin ein Kind der Liebe. Ich wollte in dieser Traurigkeit nicht existieren. Diese Last hätte ich nicht tragen können.

Irgendwann werden sie verstehen, wieso ich so früh gegangen bin. Dann werden sie wissen, dass sorgenvolle Eltern nur Kinder voller Sorgen erziehen können, auch wenn es ihnen nicht bewusst ist.

Ich wünsche ihnen wirklich von Herzen, dass sie meine Botschaft empfangen. Mein Tod wird ihnen beim Erkennen helfen.

Jeder Tod birgt die Chance auf Leben. Weil wir mit dem konfrontiert werden, was wirklich zählt. Wir besinnen uns auf das Wesentliche.

Mein Leben

Mirko war zweiundvierzig Jahre alt und ein großartiger Mann. Alle konnten ihn gut leiden. Streit mit Mirko war nahezu unmöglich. Seine Frau war total stolz auf ihn. Denn als Ortsbürgermeister war er überaus angesehen. Die Gemeinde kam immer wieder mit neuen Anregungen zu ihm. Und er tat alles dafür, dass die Bürger glücklich waren.

Außerdem war er ein Computergenie und half, wo er helfen konnte. Seine Eltern erzählten jedem, wie toll er war. Wie flott er den PC repariert hatte. Und dass er auch sonst Höchstleistungen erbrachte.

Beim Schwimmen schaffte er in zweiundzwanzig Minuten tausend Meter. Deshalb wurde er auch gefragt, ob er nicht die Kids trainieren wolle. Mirko fühlte sich geehrt und übernahm auch diesen Posten.

Wenn seine Freunde über ihn sprachen, sagten sie Sätze wie: »Mirko ist toll, wenn ich etwas brauche, ist er sofort zur Stelle«, »Wenn ich Probleme habe, Mirko hört mir immer zu, er ist auch immer so gut gelaunt«, »Mirko kann sich super anpassen. Er ist überall beliebt«.

Und dann klingelte irgendwann das Telefon seiner Frau auf der Arbeit. Mirko hatte versucht, sich mit Tabletten das Leben zu nehmen. Er hatte überlebt, lag aber noch auf der Intensivstation.

Die Ärzte gaben seiner Frau Mirkos Kleidung. Sie hatte Tränen in den Augen und konnte das Schluchzen kaum zurückhalten. Sie setzte sich in den Gang vor sein Zimmer, um sich zu beruhigen, was ihr alles andere als leichtfiel.

»Wie hatte das passieren können? Wieso habe ich nichts davon gemerkt? Wieso hat er mir nichts gesagt? Warum nur?« Viele Fragen schossen durch ihren Kopf. Sie war völlig verzweifelt.

Sie kramte in den Taschen von Mirkos Jeans und fand einen zusammengeknüllten Zettel. Sie hoffte, dort Antworten auf ihre Fragen zu finden. Vielleicht ein Abschiedsbrief? Sie zitterte. Dann breitete sie das Papier auf ihren Beinen aus und strich es mit der Hand glatt, um die Worte lesen zu können. In Mirkos Handschrift stand dort: »Mein Leben hat allen gefallen, nur mir nicht.«

Wie aus Schwächen Stärken werden

»Ich weiß nicht, was ich noch tun könnte. Mein Fünfjähriger führt sich oft auf, als sei er der Chef. Besonders, wenn er mit anderen Kindern spielt, ist er der Bestimmende und kommandiert die anderen rum«, klagte Bettina ihrer Freundin.

»Was tust du, wenn du das mitbekommst?«

»Ich nehme ihn beiseite und sage ihm, dass man das so nicht macht. Schließlich möchte ich nicht, dass er von seinen Freunden irgendwann ausgegrenzt wird.«

»Wer ist in diesem Fall man?

»Nun – also die Menschen sollen das so nicht machen. Es ist nicht sozial in meinen Augen.«

»Du kannst nicht für die Menschen sprechen. Jeder ist anders. Wie ist es mit dir? Würdest du so etwas machen?«

»Nein, auf keinen Fall.«

»Könnte es sein, dass es dir genau deshalb so viel ausmacht? Er scheint in dir etwas auszulösen.«

»Nun, ich bin in meinem Leben oft mit dominanten Menschen in Kontakt gekommen, und das tat mir nie gut. Meistens waren es meine Chefs, aber auch andere Männer hatten diese Symptome.«

»Weißt du, ob du jemanden in der Familie hast, der auch so war oder ist?«

»Ja. Papa war auch so ein Erfolgstier. Er hatte die Fäden immer in der Hand. Auch lange Zeit meine.«

»Wie ist das heute?«

»Manchmal habe ich das Gefühl, ich hab sie selbst in der Hand, aber dann befinde ich mich immer wieder in Situationen, wo das nicht so ist. In denen ich mich fremdbestimmt fühle. Doch ich merke das in dieser Situation nicht einmal. Erst hinterher.«

»Dir ist diese Thematik also bewusst?«

»Ja. Nur habe ich das mit meinem Sohn bislang nicht in Verbindung gebracht.«

»Wenn du auf solche Menschen wie deine Chefs, die Männer oder auch deinen Papa schaust: Welche positiven Charaktereigenschaften entdeckst du? Vielleicht welche, die du auch gern hättest?«

»Sie können sich durchsetzen. Sie haben einen eigenen starken Willen. Sie stehen hinter sich selbst.«

»Ist das nicht wundervoll, dass dein Sohn diese Qualitäten schon so früh an den Tag legt?«

»So hab ich das noch nie gesehen.«

»Ja, Bettina, konntest du auch nicht, weil deine eigene Geschichte darüber lag, du hast durch ihn deine eigene Schwäche gesehen und wolltest ihn schützen.«

»Ist ja interessant. Und du meinst, ich soll ihn einfach mal machen lassen?«

»Was glaubst du, würde denn dann passieren? Wurde er wirklich schon mal von seinen Freunden ausgegrenzt, oder ist das nur eine Vorstellung in deinem Kopf, wie es sein könnte?«

»Klar, bisher waren es nur Filme, die ich mir kreiert habe. Es konnte ja auch gar nicht erst zur Ausgrenzung kommen, da ich ihn ausgebremst habe«, lächelte Bettina.

»Weißt du, ich habe eine Erfahrung in meinem Leben machen können: Dort, wo wir die größten Schwächen sehen, sind oft die wahren Stärken versteckt. Da wir die vermeintlichen Schwächen aber ablehnen, können wir die Stärken darin nicht erkennen.«

»Danke dir! Jetzt kann ich auf meinen Sohn schon anders schauen. Auf seine Fähigkeiten. Und mein Thema lass ich schön bei mir. Das bekomme ich auch noch gelöst, obwohl ich manchmal das Gefühl habe, dass es eine Never Ending Story ist.«

»Hab Geduld mit dir. Dir ist es ja schon bewusst. Der Rest wird kommen. Vertraue darauf, und gehe einfach weiter. Schön ist, dass du deinen Sohn nun anders sehen kannst. Das wird nicht nur ihm guttun, sondern auch deine verletzte Seele heilen. Eine stärkende Mutter, die hinter ihrem Kind steht, ist durch nichts zu ersetzen. Starke Eltern erziehen starke Kinder.«

Ewiges Leben

Es war einmal eine kleine Schneeflocke, die hatte Angst, auf die Erde zu hüpfen, weil sie wusste, dass sie dann schmelzen würde. Deshalb wandte sie sich an den Wettergott: »Du, Wettergott, ich weiß nicht, ob ich wirklich auf die Erde soll. Bedeutet das wirklich, dass es dann mit mir zu Ende geht?«

Der Wettergott guckte nachdenklich: »Weißt du, liebe Schneeflocke, du bist da, um auf die Erde zu fallen, damit du mit vielen anderen Schneeflocken die Landschaft in ein traumhaft schönes Weiß verzauberst. Dass du die Natur in der Kälte schützt und die Menschen sich an dir erfreuen können. Solange du hier oben wartest, wirst du kein erfülltes Leben führen können.«

»Ja, das merke ich, aber ich weiß ja dann schon im Voraus, dass ich nicht ewig leben werde.«

»Doch, das wirst du. Nur anders. Denn wenn du geschmolzen bist, wirst du zu Wasser. Dann verdampfst du auf der Erde, kommst als Luftfeuchtigkeit wieder in den Himmel und gehst als Regen oder Schnee wieder auf die Erde.«

»Das verstehe ich nicht. Was macht das für einen Sinn, immer wiederzukommen?«

»Den Sinn deines Daseins verstehst du erst, wenn du dich deinem Leben wirklich voll und ganz hingibst. Wenn du dich als das zeigst, was du wirklich bist. Eine Schneeflocke.«

»Und du glaubst wirklich, dass wir uns nochmals wiedersehen?«

»Ich glaube es nicht nur, ich weiß es. Als Wettergott habe ich schon ganz viele deiner Freunde wiedergesehen. Es ist der natürliche Wasserkreislauf.«

»Hm, okay. Dann werde ich mich wohl darauf einlassen.«

»Tu das, liebe Schneeflocke. Du musst keine Angst haben. Du wirst erst vertrauen können, wenn du deine Angst hinter dir gelassen hast. Und du wirst noch etwas merken. Wenn du dich auf das einlässt, wozu du berufen bist, dann entdeckst du die Liebe in dir.«

»Oh, das klingt spannend. Ich überlege es mir«, lächelte die Schneeflocke hoffnungsvoll.

Am nächsten Tag war es wieder eisig kalt. Es machten sich viele Schneeflocken auf den Weg zur Erde. Einige hüpften jubelnd von der Wolke: »Yippie! Endlich ist es wieder so weit!«

Anderen hingegen war die Angst ins Gesicht geschrieben, aber sie hüpften trotzdem. Einige warteten aber oben und schauten sich das ganze Spektakel zunächst aus der Ferne an.

Die kleine Schneeflocke saß auf einer Wolke und nahm all ihren Mut zusammen. Sie reichte ihrer Angst die Hand und wagte den Sprung auf die Erde. Sie wurde mit vielen anderen Schneeflocken durch die Lüfte gewirbelt.

»Oh, ist das toll. Allein für dieses Freiheitsgefühl während des Fluges hat es sich schon gelohnt!«

Als die Schneeflocke dann weich auf vielen anderen Schneeflocken landete, fühlte sie sich richtig geborgen. Genauso, als gehörte sie dorthin. Ein tolles Gefühl. So langsam erahnte sie, was der Wettergott meinte, als er sie ermutigte, sich auf das einzulassen, was sie wirklich war.

In der Nacht ruhte sie sich aus und war glücklich, einfach dort liegen zu dürfen. Inmitten der weißen Pracht. Glitzernd und funkelnd erwachte die Schneeflocke in der Morgensonne. Es war plötzlich so friedlich in ihr. Im Himmel hingegen hatte sie sich oft gefragt, wie es wohl wäre, wenn sie das leben würde, zu dem sie berufen war. Sie haderte viel, hatte Angst und wusste nicht, was kommen würde. Ja, es war ganz so, als hätte sie die Angst vor ihrem wirklichen Sein regelrecht ausgebremst. Diese Angst vor dem Ungewissen, vor Neuland. Wie absurd eigentlich, dass sie vor dem Schönen Angst gehabt hatte und lieber, wenn auch unbewusst, litt.

Am nächsten Tag, als eine Familie aus dem Haus kam, hörte die kleine Schneeflocke Stimmen. Die Mutter sagte: »Schaut mal, wie toll das aussieht. Ich liebe den Schnee. Lasst uns spazieren gehen!«

Die Kinder waren total begeistert, holten ihre Schlitten, und dann ging es los.

»Mama, der Schnee ist so schön weich. Da kann ich mich sogar reinfallen lassen, ohne mir wehzutun. Ich liebe den Schnee auch!«

Die kleine Schneeflocke war überglücklich. Nun konnte sie mit ihrem Dasein, das sie selbst bereits erfüllte, auch noch andere glücklich machen. Sie freute sich einfach, dass sie sich wirklich darauf eingelassen hatte, eine Schneeflocke zu sein. Sie lebte – jetzt! Ohne daran zu denken, was einmal kommen wird. Und ja, in diesem Moment hatte sie den Sinn verstanden: Leben!

Am darauffolgenden Morgen entschieden die Kinder, einen Schneemann zu bauen. Sie rollten drei Kugeln zusammen, steckten eine Mohrrübe als Nase und Besen als

Arme rein. Ein toller Schneemann. Die Menschen, die an der Straße vorbeispazierten, blieben stehen und bewunderten den großen weißen Mann.

Die kleine Schneeflocke fand im Kopf vom Schneemann ihren Platz und war glücklich, dass sie dabei sein durfte. Sie genoss es, dass sich die Menschen, vor allem die Kinder, so am Schnee erfreuten. Wieder wurde ihr bewusst, wie wichtig es war, dass sie den Mut aufgebracht hatte, von der Wolke zu hüpfen.

Tage später fing es an zu tauen. Die kleine Schneeflocke wusste, dass sie nun schmelzen würde. Aber erstaunlicherweise hatte sie keine Angst. Weil sie nun jede Minute als Schneeflocke genoss. Außerdem war sie sich sicher, dass sie wiederkam. Sie wusste zwar nicht, wo sie das nächste Mal landen und ob sie als Schneeflocke oder Regentropfen wieder auf die Erde kommen würde, aber das war auch nicht mehr so wichtig. Die kleine Schneeflocke hatte jetzt weder Angst vor dem Tod noch vor dem Leben.

Stattdessen stellte sich Vertrauen ein. Und es war so, wie der Wettergott es vorhergesagt hatte: Durch das Vertrauen bekam sie den Zugang zu sich selbst. Sie begann sich zu lieben, weil sie tat, was für sie vorbestimmt war. Sie liebte sich für ihren Mut und die Entscheidung, die sie getroffen hatte, auch wenn die Angst sie zunächst geleitet hatte. Die Entscheidung, in ihr Leben zu springen, war wohl die wichtigste, die sie je für sich getroffen hatte.

Als die kleine Schneeflocke schmolz und zu Wasser wurde, hörte sie noch einen kleinen Jungen sprechen: »Mama, schau mal, der Schneemann – er wird immer kleiner. Ein

Glück, dass es bald wieder schneien wird. Dann bauen wir einen neuen.«

Bald verschwand die kleine Schneeflocke als Wassertropfen in der Erde. Als es wärmer wurde, verdunstete sie und kam als Wasserdampf in den Himmel, wie der Wettergott es vorausgesagt hatte.

Als sie den Wettergott sah, rief sie freudestrahlend: »Danke, dass du mich ermutigt hast, auf die Erde zu hüpfen! Ich weiß jetzt, dass ich nie verloren gehen kann. Ich werde ewig leben. Entweder im Himmel oder auf der Erde.«

Der Tod – die Einladung zum Leben

Als ich Claudia Fromme kennenlernte, war ich beeindruckt, wie sie mit ihrem Schicksal umgeht. Deshalb möchte ich ein Interview, das ich mit ihr führte, an dieser Stelle teilen.

Etwas Wesentliches durfte ich durch sie verinnerlichen: Wenn ich das, was mir als Herausforderung im Leben begegnet, annehme, kann ich ein leichteres Leben führen.

Zuerst bat ich sie, in kurzen Worten zu erzählen, was 2008 geschah, als sie mit ihrer Familie auf dem Weg in den Skiurlaub war.

»Kurz vorm Ziel unserer Reise hatten wir einen schweren Autounfall auf einer Landstraße nahe Leogang in Österreich. Ich saß am Steuer und hatte plötzlich keine Kontrolle mehr über unseren Sharan. Wir schleuderten und kamen so auf die Gegenspur, wo uns ein VW-Bulli nicht mehr ausweichen konnte. An diesem Tag gingen meine Tochter Annika (13) und mein Mann Michael (40) von dieser Welt. Mein Sohn Felix (damals 10) und ich überlebten den Unfall mit zum Teil schwersten Verletzungen.«

Sie hat ihre Erfahrungen in einem Buch veröffentlicht: »So fern und doch ganz nah«. Ich las es unter Tränen, weil ich so berührt war. Und weil sie dem Tod so anders in die Augen schaute, als es meist üblich ist.

Es waren verschiedene Sätze, die mich beeindruckten. Einer davon heißt: »Was mich betrifft, ich sah mich immer auf der Sonnenseite des Lebens.«

Mit diesem Satz beginnt Claudia ihr Buch, und es endet auch damit. Ich bin mir sicher, dass viele nicht begreifen können, wie jemand, der so etwas erleben musste, dies schreiben kann. Deshalb wollte ich wissen, ob es irgendein Geheimrezept gibt, mit einer solchen Situation umzugehen.

»Ein allgemeingültiges Geheimrezept gibt es wohl nicht, aber ich habe für mich einen Weg gefunden, der mich heute aus tiefstem Herzen sagen lässt, dass ich mich immer noch auf der Sonnenseite des Lebens sehe. Und ich freue mich, dir und deinen Lesern davon erzählen zu dürfen.

Ein ganz besonderer, ja fast schon magischer Augenblick auf meinem Weg war sicherlich meine Reaktion, als ich erfuhr, was für Ausmaße unser Unfall hatte. Ich lag zu dem Zeitpunkt schwerstverletzt, in Lebensgefahr schwebend, auf der Intensivstation. Während man mir sagte, was passiert war, entstand in meinem Inneren eine ganz tiefe Ruhe, die mir sehr viel Halt und Kraft gegeben hat. Ich antwortete: ›Ich nehme das Schicksal an.‹

Was für mich so besonders war: Die Worte kamen zwar aus meinem Mund, aber ich war selbst absolut überrascht, was ich da aussprach. Dieser Satz entsprang nicht meinem rationalen Verstand, er kam tief aus meinem Inneren, von dem Ort, an dem ich diese tiefe Kraft und Ruhe empfand.

Ich habe mich nie gefragt, ob es mir jemals gelingen würde, so ein schweres Schicksal annehmen zu können. Doch ich spürte in diesem Moment eine so große Klarheit, dass genau dies mein Weg sein sollte.«

Diese Herausforderung anzunehmen war für sie der Schlüssel, um den Weg zurück in ein lebenswertes Leben finden zu können. Ich fragte sie, ob sie uns sagen könne, was sie unter »Annehmen« genau versteht.

»Dazu möchte ich gern einige Zeilen aus meinem Buch zitieren: ›Annehmen bedeutet nicht, dass ich gutheiße, was passiert ist. Es ist eher die Einsicht, dass ich das Geschehene nicht ändern kann. Annehmen bedeutet nicht, dass es nicht fürchterlich wehtut. Es ist eher die Bereitschaft, den Schmerz auszuhalten. Annehmen bedeutet Vertrauen zu haben, dass nichts ohne Sinn geschieht, auch wenn ich ihn momentan nicht erkennen konnte.‹

Für mich bedeutet eine Situation annehmen zu können, sie ohne Beurteilung einfach da sein zu lassen. Ich bin mir sicher, dass immer nur unsere verurteilenden Gedanken zu einer Situation Leid in uns auslösen. Natürlich bin ich durch einen der schmerzvollsten Prozesse in meinem Leben gegangen, aber ich habe mich nie gegen diesen Schmerz gewehrt. Ich habe ihn zugelassen und durchfühlt, mit jeder Faser meines Körpers. Selbst wenn man eine Situation momentan nicht annehmen kann, hilft es einem, auch das annehmen zu können.«

Es gibt viele Menschen, die Ähnliches erlebt haben. Aber nicht alle finden den Weg aus der Trauer ins Leben zurück. Ich fragte sie: »Lese ich bei dir richtig heraus, dass deine traurigen Gefühle zum Leben dazugehören? Dass du sie gar nicht erst weghaben willst? Und dass deshalb alles viel leichter ist? Das ist ziemlich konfus für den Kopf. Was würdest du gern den Menschen sagen, die glauben, dass sie eine solche Situation nie gemeistert bekommen?«

»Ich würde ihnen sagen, dass ich es mir auch im Vorfeld niemals hätte vorstellen können. Ich habe ziemlich schnell gemerkt, dass mir mein rationaler Verstand kein guter Ratgeber ist. Der Verstand möchte verstehen – dazu ist er da. Da steht dann als Erstes das große Warum im Vordergrund. Mit dieser Frage würde ich mich im Kreis drehen, weil es keine Antwort gibt, mit der sich mein Verstand zufriedengeben würde. Ich habe mir nie diese Frage gestellt. Ich vertraue darauf, dass ich diese Erfahrung jetzt durchleben kann und mit einer Quelle in Verbindung stehe, die mir immer ausreichend Kraft zur Verfügung stellt.

Ich durfte zehn Tage nach dem Unfall eine ganz besondere Erfahrung machen. Mitten in der Nacht wachte ich auf, fühlte mich zum ersten Mal, trotz meiner schweren Verletzungen, komplett schmerzfrei, als mich plötzlich eine unbeschreibliche Liebe erfüllte, wie ich sie in solch einer Intensität noch niemals vorher gespürt habe. Diese Liebe trägt mich seit diesem Tag und ist meine größte Kraftquelle geworden.

Meine Gefühle gehören zu mir, sie sind auch der Ausdruck meiner Trauer – an manchen Tagen empfinde ich eine große Leere, an anderen erfreuen mich Kleinigkeiten. Egal, welche Gefühle kommen, sie dürfen da sein. Ich lasse sie einfach so, wie sie sind. Ich muss sie nicht als gut oder schlecht bewerten. Sie dürfen so sein.

Nicht nur meine Gefühle sind wichtig, auch meine Gedanken sind es. Sie sind das machtvollste Instrument, das ich besitze. Das, was ich immer wieder denke, manifestiert sich als meine Wahrheit. Ich kann zum Beispiel am Morgen nach dem Aufwachen auf mein Leben schimpfen und voller Selbstmitleid sein, aber ich darf auch auf einen angenehmen Tag hoffen und so die Möglichkeit offenlassen, dass mich Unerwartetes beschenkt und bereichert.

Gute Gedanken sind für mich der Schlüssel zu einem positiven Leben. Alles können wir mit unseren Gedanken lenken. Immer wieder rufe ich mir das in Erinnerung. Ich verdränge meine Trauer nicht, wenn ich meine Gedanken auf das Licht und die Liebe fokussiere anstatt auf Schmerz und Trennung. Ich bin sicher, nur so kann ich wieder glücklich sein. Und nicht nur ich, sondern jeder Mensch verdient ein glückliches, selbstbestimmtes Leben.«

Der letzte Satz hatte es in sich und ist in meinen Augen die Essenz, die es überhaupt erst ermöglicht, glücklich leben zu können. Claudia hat sich damit die Erlaubnis gegeben, glücklich zu sein. Und die Erlaubnis selbst öffnet oft Tore. Ich wusste von ihr, dass sie auch vor dem Unfall bereits ein glückliches Leben geführt hat. Mich interessierte, ob es für sie einen Unterschied zwischen dem Glück davor und dem danach gibt.

»Ja, den gibt es tatsächlich. Früher habe ich Glück hauptsächlich an großen Ereignissen festgemacht. Heute habe ich das Gefühl, dass es eher die kleinen Dinge sind, die mir Glücksmomente schenken. Ich habe erfahren, wie schnell ein Leben von einer Minute auf die andere vorbei sein kann und dass es sich lohnt, den Moment bewusst zu leben und ihn so gut und kostbar wie möglich zu machen. Das klingt verrückt, weil es viele Menschen gibt, die nach einem Verlust eher das Gefühl haben, gar nichts mehr empfinden zu können, geschweige denn Glück.

Ich habe für mich die Antwort in einem Zitat von Safi Nidiaye gefunden. Dort sagt sie, dass Schmerz und Freude einander nicht ausschließen. Der Schmerz hält uns nur so lange von der Freude ab, wie wir uns ihm gegenüber verschließen. Wir verdrängen das, was wir nicht fühlen wollen.

Ich lag nach dem Unfall fast sieben Wochen im Krankenhaus. Täglich nahm ich mir bewusst Zeit, meinen Schmerz zu fühlen. Es war schon zu meinem Ritual geworden, dass ich jeden Morgen nach dem Frühstück meine Tasche öffnete, in der ich all die Briefe und Karten von Freunden und Menschen, die Anteil nahmen, aufbewahrte. Ich las sie immer wieder, und ich fühlte den Schmerz und konnte wunderbar weinen.

Ich habe damals ganz intuitiv gehandelt. Erst heute habe ich erkannt, dass ich durch das körperliche Durchfühlen des Schmerzes die Weichen gestellt habe, auch wieder glückliche Momente fühlen zu können.«

Einen Schmerz zu bejahen, ist wohl die größte Herausforderung. An der Stelle hatte ich das Gefühl, dass alles gesagt ist. Ich bat Claudia, noch ein paar Schlussworte an die Leser zu richten, was sie gern tat:

»Ich möchte mich erst mal bei dir bedanken. Durch deine Fragen und meine daraus entstandenen Antworten hat sich auch bei mir wieder ganz viel bewegt. Den Lesern wünsche ich, immer das nötige Vertrauen in die eigene Kraft zu haben. Leben ist wertvoll, und wir können selbst so viel dazu beitragen, dass wir es auch so empfinden können.«

Lena und ihre Warzen

Als ich hörte, was Lena erlebt hat, wusste ich, dass ich ihre Geschichte niederschreiben muss. Nicht für mich, sondern für viele andere, die davon betroffen sind. Das Folgende beruht also auf einer wahren Begebenheit.

Wenn ihr Lena kennen würdet, ihr würdet sie mögen. Sie ist ein tolles Mädchen. Sie ist sozial und hilft, wo sie kann, ist zwar etwas schüchtern, aber hat eine herzliche Art.

Als sie zehn Jahre alt war, war das jedoch anders. Sie litt unter Warzen. Lenas Hände waren voll davon. Das machte ihr seelisch zu schaffen. Weil sie sich damit einfach nicht schön fand. Sie versteckte ihre Hände, so gut es ging.

Zusammen mit ihrer Mutter rannte sie von einem Arzt zum anderen, aber mit nichts konnte man die Warzen wirklich wegbekommen. Entweder wuchsen sie nach oder gingen gar nicht erst richtig weg.

Lenas Mutter war verzweifelt und inzwischen für alles offen. Eines Tages traf sie ihre Bekannte Iris, die sie schon länger nicht mehr gesehen hatte. In einem intensiveren Gespräch kam heraus, dass Iris selbst auch mit Warzen zu kämpfen hatte. Allerdings an den Füßen.

Sie erzählte Lenas Mama von einem Heilpraktiker, bei dem sie gewesen war. Dieser hatte ihr den Rat gegeben, so oft wie möglich am Tag über ihre Warzen zu reiben und dabei folgenden Satz zu sagen: »Ich bin ein vollkommener Ausdruck der Liebe und Schönheit des Lebens.« Im selben Atemzug sagte sie jedoch, dass das wohl der größte Quatsch überhaupt sei. Als würden die Warzen weggehen, wenn man mit ihnen spricht. Von diesem neumodernen und esoterischen Humbug hielt Iris überhaupt nichts.

Lenas Mutter jedoch schrieb sich den Satz, den Iris vom Heilpraktiker gehört hatte, sofort auf. Sie hielt zwar auch nicht viel davon, aber schaden würde es sicher nicht.

Und so erzählte sie am Abend ihrer Tochter von der Begegnung mit Iris und von dem, was deren Heilpraktiker gesagt hatte. Sie gab ihrer Tochter den Zettel mit dem Satz und meinte, sie könne es ja mal probieren.

Vier Wochen später, sie hatten nicht mehr darüber gesprochen, sagte Lena morgens am Frühstückstisch: »Mama, schau mal, meine Warzen gehen weg.«

Die Mutter traute ihren Augen nicht. Tatsächlich. Sie waren viel kleiner geworden. Erstaunt fragte sie: »Du hast aber diesen Satz jetzt nicht die ganze Zeit gesagt?«

Lena grinste: »Doch, habe ich. Mindestens zweimal täglich habe ich alle meine Warzen gestreichelt und diesen Satz mehrmals gesagt.«

Es vergingen weitere vier Wochen, in denen Lena es weiterhin tat: die Warzen reiben und den Satz sagen. So oft es ihr möglich war und sie daran dachte.

Nach acht Wochen waren die Warzen komplett verschwunden und sind bis heute, fünf Jahre später, nicht wiedergekommen.

Mögen mehr Menschen an Wunder glauben, damit sie geschehen können.

Vom Griesgram, der keiner war

Eine liebe Freundin von mir erlebte als Kind etwas, was ich auf diesem Weg teilen darf. Es ist nun sechsundfünfzig Jahre her, als sich folgende Geschichte ereignete. Sie prägte sich für immer in ihrem Herzen ein. Hier erzählt sie sie aus ihrer Perspektive:

Ein alter Mann mit verbeultem Strohhut stand jeden Morgen vor seiner Haustür. Er paffte seine Pfeife. Meine Schwester ging täglich auf dem Weg zur Schule mit einer Freundin an ihm vorbei. Jedes Mal schimpfte er den beiden hinterher und ballte drohend seine Fäuste. Ich fragte mich, wie ein Mann so böse sein kann.

Eines Tages sah ich eine Horde Kinder spielen, darunter auch meine Schwester und ihre Freundin. Sie klingelten immer wieder am Haus von dem alten Mann und liefen dann weg. Oder sie ärgerten ihn, indem sie ihm »Querkopp, Querkopp, megmegmeg« zuriefen und die Zunge rausstreckten.

Am Nachmittag, als ich mit meiner Schwester allein war, fragte ich, weshalb sie den alten Mann immer ärgern würden.

»Das machen doch alle«, antwortete sie.

Am nächsten Morgen stand er wieder da. Ich ging auf ihn zu, obwohl er anfing, mir mit der Faust zu drohen. Doch ich ging weiter und fragte: »Warum bist du denn so böse? Ich wollte dir nur einen guten Tag wünschen, weil du immer so allein da stehst.«

Er sah mich verdutzt an ... und lächelte. Das war das erste Mal, dass ich ihn lächeln sah.

Ich sagte ihm, dass er so viel netter aussehe. Daraufhin strich er mir übers Haar, griff in seine Hosentasche, zauberte einen Riegel Schokolade hervor und schenkte ihn mir.

Abends im Bett erzählte ich meiner Schwester davon, die das kaum glauben konnte. Am nächsten Tag ging sie auch zu ihm und entschuldigte sich dafür, dass sie ihn immer so beschimpft hatte.

Ab diesem Tag war der Griesgram gar kein Griesgram mehr. Er lächelte, wenn er uns sah, und wir winkten ihm zu.

Ich war zwar erst sechs Jahre alt, aber ich hatte bereits zu diesem Zeitpunkt verstanden, was wir mit uns selbst machen, wenn wir andere wie Dreck behandeln. Denn wir ernten, was wir säen.

Der Tod ist auch eine Lösung

Alfred war erst sechzig Jahre alt, aber sein gesundheitlicher Zustand war schlecht. Seine Schwestern Agnes und Karla fanden ihn in seiner Wohnung, nachdem die Nachbarn ihnen Bescheid gesagt hatten, weil sie ihn tagelang nicht gesehen und er auf ein Klingeln nicht reagiert hatte. Er lag total abgemagert und heruntergekommen im Bett. Berge von ungeöffneten Rechnungen häuften sich auf dem Küchentisch. Er vegetierte vor sich hin.

Die Schwestern überlegten lange, was sie tun sollten, und entschieden, ihren Bruder in einem Pflegeheim unterzubringen.

Sie wechselten sich mit den Besuchen ab. Es gab nur einen Unterschied zwischen den beiden: Wenn Agnes aus dem Heim kam, schimpfte sie über ihren Bruder. Er sei so stur, aggressiv und laut. Bei Karla war das anders. Sie hatte Zugang zu ihm und konnte ruhige Gespräche mit ihm führen. Es waren friedvolle Begegnungen, die anscheinend auch Alfred guttaten.

Die Schwestern sprachen manchmal über ihre Besuche beim Bruder, machten sich aber wenig Gedanken darüber. Bis zu einem Tag, an dem sie gemeinsam zu Alfred fuhren.

Der lag wie immer im Bett, als sie ankamen. Agnes hielt sich zurück, die meiste Zeit sprach er mit Karla. Nach einer Stunde verabschiedeten sie sich, und zwar ohne Streit und Aggressivität, wie Agnes es gewohnt war.

Auf dem Rückweg musste sie ihre Schwester ansprechen: »Sag mal Karla, ich habe jetzt nicht schlecht gestaunt, als du dich mit Alfred unterhalten hast. Du gabst ihm ja gar keine Möglichkeit des Angriffs.«

»Wie meinst du das?«, wollte Karla wissen.

»Als er zum Beispiel sagte, dass es doof ist, den ganzen Tag im Bett zu liegen, hätte ich ganz anders reagiert. Ich hätte ihn ermuntert aufzustehen, vielleicht mal ein paar Schritte raus in die Sonne zu gehen oder sonst was zu tun, um aus dieser Lethargie herauszukommen.«

»Bist du dir denn sicher, dass er das will?«

Agnes stimmte die Frage nachdenklich. Dann meinte sie: »Ich weiß es nicht. Aber es würde ihn für den Moment aus seinem Jammerzustand rausholen. Oder was glaubst du?«

»Weißt du, Agnes. Was auch immer ich für meinen Bruder möchte, muss nicht das sein, was er will. Nicht für alle Menschen, die krank sind, ist Gesundheit die Lösung. Manche haben sich innerlich fürs Sterben entschieden. Weil sie nicht mehr kämpfen wollen. Weil das Leben zu anstrengend scheint. Und so hart es auch klingen mag, aber ich glaube, dass das bei Alfred der Fall ist. Wieso sollte ich also ständig versuchen, ihn für etwas zu mobilisieren, was gegen seinen Willen geht?«

»Puh, das muss ich jetzt mal sacken lassen. Ich will ihm doch nur helfen.«

»Bei allem, was an Unterstützungsmöglichkeiten angeboten wird, gibt es in meinen Augen etwas, was durch nichts zu ersetzen ist: die Annahme des Menschen. So, wie er in dem Moment ist. Egal, wie falsch sich sein Verhalten für dich anfühlt, wir sind alle anders. Es ist in meinen Augen die größte Herausforderung unseres Lebens, den anderen im Anderssein zu akzeptieren. Und somit ist die größte Hilfe schlicht und ergreifend Liebe. Punkt. Aus. Ende. Einfach nur bedingungslose Liebe. Alfred ist gut so, wie er ist. Auch wenn er sich entschieden hat, von dieser Welt zu gehen. Lass ihn los. Du wirst ihn nicht festhalten können. Reiche ihm deine Hand. Sei für ihn da. Wenn er merkt, dass du nichts von ihm forderst, sondern ihn sein lässt, wirst du ihm näher kommen, als es dir je zuvor möglich war.«

In diesem Moment rollten Agnes die Tränen über die Wangen. Sie schluckte und entgegnete leise seufzend: »Den Tod als Lösung zu akzeptieren, ist nicht leicht. Weder für mich selbst noch für andere.«

»Wir werden alle sterben. Wir streifen unsere Hülle ab, und unsere Seele zieht weiter. Je früher wir diesen Gedanken in unser Leben lassen, desto leichter lässt es sich leben. Weil wir uns aus Abhängigkeiten lösen und den anderen loslassen können. Wir wollen nicht mehr recht haben und zetteln keine Kriege an. Ich glaube, es ist so: Wenn wir uns mit dem Tod auseinandersetzen, begegnen wir dem Leben, und wenn wir uns mit dem Leben auseinandersetzen, begegnen wir dem Tod. Lass dich darauf ein. Der Tod an sich ist nichts Schlimmes.«

Der Weg aus dem Leid

»Manchmal hab ich das Gefühl, dass ich ewig im Leid verharre und nicht herauskomme. Geht dir das auch so?«

»Ja, das kenne ich. Wenn du das Gefühl hast, dass du unter
einer Situation leidest, kannst du ziemlich sicher sein, dass
du gerade etwas ablehnst, was du in deinem Leben vorfindest. Und dieser Widerstand gegen das, was ist, erzeugt
den Drang, etwas tun zu wollen. Genau dieses ›tun wollen‹
verhindert aber das, was eigentlich dein Ziel ist. Weil du
gegen etwas bist. Und durch diesen inneren Kampf leidest
du. Irgendwann hatte ich verstanden, dass ich das Leid selbst
nicht abstellen kann, sondern nur den Kampf dagegen.«

»Wie hast du das gemacht?«

»Wenn Situationen kommen, die in mir Unbehagen auslösen, dann möchte ich sie nicht weghaben, sondern mache
genau das Gegenteil. Ich lasse mich ein. Auf den Schmerz,
auf das Gefühl, das jetzt da ist. Denn alles, was ich dagegen
tun würde, hielte mich länger im Leid. Weil ich gegen mich
selbst kämpfen würde. Was, glaubst du denn, würde geschehen, wenn du nicht mehr gegen die Situationen kämpfst,
die du in deinem Leben vorfindest? Sondern dich darauf
einlässt und stattdessen glaubst: So soll es sein!«

»Ich weiß nicht, ob ich das kann.«

»Ja, ich weiß, das ist manchmal hart. Aber es geht genau darum. Immer und immer wieder. Wenn du verstehen willst, wieso dir manches im Leben widerfährt, lass
dich darauf ein und nimm die Situation an, wie sie ist − als

Herausforderung. Oftmals liegt in dieser Situation nämlich ein Geschenk fürs Leben. Solange du dich aber dagegen wehrst, kannst du das Geschenk nicht erkennen.«

»Du glaubst also, es gibt für alles eine Erklärung?«

»Letzten Endes wahrscheinlich schon. Aber alles verstehen zu wollen macht krank. Es gibt auch Situationen, die können wir nicht verstehen. Weil es keine Erklärung gibt. Wenn ein geliebter Mensch plötzlich bei einem Autounfall stirbt, dann wirst du lange die Frage nach dem Warum stellen können. Aber du wirst keine Antwort finden. Und auch in solchen Situationen kannst du nur eins machen, um inneren Frieden zu finden: dich einlassen. Auf die Situation und die Gefühle, die sie hervorbringt. Gehe davon aus, dass es nun so sein soll. Und kämpfe nicht gegen das, was ist. Es ist ja eh so. Erst wenn du erkannt hast, was du in deinem Leben ablehnst, kannst du deinem Widerstand begegnen. Erst dann kannst du entscheiden, deine Rüstung abzulegen und den Kampf zu beenden.«

»Das hört sich friedvoll an.«

»Ja, es ist Zeit für Frieden. Wenn du die Rüstung ablegst, den Kampf aufgibst und dich auf die Gefühle einlässt, die eine Situation in deinem Leben mit sich bringt, löst sich der Widerstand auf. Und genau das zieht Erleichterung mit sich. Du wirst merken, wie langsam, aber sicher Ruhe einkehrt. Dein Herz kann sich wieder öffnen, und das Strahlen, nach dem du dich seit Langem sehnst, zeigt sich.«

»Das wäre schön.«

»Das ist schön – nur der Weg dahin braucht Mut. Sich selbst zu begegnen führt oft durch den Schmerz. Gehe durch die Dunkelheit, damit das Licht eine Chance hat.«

Wahrhaftige Begegnungen

Frau Lenden übernahm die Klasse 9b. Als sie nach den Ferien die Klassentür öffnete, waren noch alle aufgewühlt und erzählten, was sie im Sommer erlebt hatten. Die wenigsten hatten Lust auf Unterricht. Für viele war Schule ein Gräuel. Um die Situation wusste die Lehrerin. Ihr war es früher nicht anders ergangen.

Deshalb grüßte sie die Schüler mit folgenden Worten: »Mein Name ist Lenden. Die nächsten zwei Jahre bin ich eure Klassenlehrerin. Eigentlich habe ich nicht wirklich Lust zu unterrichten, weil ich genau weiß, dass mindestens die Hälfte von euch keinen Bock auf Schule hat. Das weiß ich deshalb so genau, weil es früher bei mir genauso war. Und wisst ihr was? Ich habe mir Gedanken gemacht, wieso das so sein könnte. Und ich denke, es hat damit zu tun, dass keiner von euch in seiner Individualität wahrgenommen wird. Dass ihr Schüler zu oft etwas machen müsst, worauf ihr keine Lust habt, weil über euch hinweg entschieden wird. Ihr werdet nicht gefragt, was ihr gern tut, sondern müsst Fächer belegen, die euch nicht gefallen. Frust macht sich breit. Die gute Nachricht ist nun, dass ich darum weiß und mich bemühe, dementsprechend zu handeln. Die schlechte Nachricht ist, dass ich nicht weiß, ob ich es hinbekomme, euch das zu geben, was ihr braucht.

Normalerweise ist es zu Beginn so, dass ihr Namensschilder aufstellt, damit ich mir eure Namen merke. Das solltet ihr auch für mich tun. Aber ich würde gern noch etwas anderes machen. Und zwar jetzt am Anfang des Jahres. Dass wir uns begegnen. Auf Augenhöhe. Dass wir uns nicht nur oberflächlich sehen, sondern wirklich wahrnehmen. Hättet ihr Lust darauf?«

Ein paar aus der Klasse blieben stumm und hielten sich zurück. Die Schüler wussten nicht, was sie davon halten sollten. Der größte Teil von ihnen brachte aber ein lautes Ja hervor.

Frau Lenden hatte es also wieder einmal geschafft, die Schüler bereits mit den ersten Worten ganz in ihren Bann zu ziehen. Sie wusste einfach, wie man mit Jugendlichen umgeht.

»Wisst ihr, wie wir uns wirklich begegnen können?«, wollte sie von den Schülern wissen.

Björn meldete sich zu Wort: »Wenn Sie uns ausfragen?«

Frau Lenden lächelte.

»Ja, das wäre eine Möglichkeit. Aber würdet ihr mir jetzt schon alles erzählen?«

Björn war um keine Antwort verlegen und meinte breit grinsend: »Wenn Sie vernünftige Fragen stellen.«

Frau Lenden lachte laut.

»Ihr seht schon – es ist gar nicht so leicht, sich wirklich zu begegnen, wenn man sich noch gar nicht kennt. Das ist allgemein in der Gesellschaft auch so. Viele sehen sich, sind einander aber nicht wirklich begegnet, weil vieles an der Oberfläche plätschert. Ich hätte dennoch eine Idee. Lasst uns dazu die Tische an den Rand stellen und die Stühle in einen Kreis.«

Die Schüler folgten der Aufforderung sofort, und es gab ein lautes Gepolter. Nun standen die Stühle im Kreis. Die Jugendlichen guckten fragend zu Frau Lenden. Sie bat sie, sich hinzusetzen.

»Ich bin mir sicher, dass sich auch viele von euch bislang nur an der Oberfläche kennen, obwohl ihr teilweise schon vier Jahre in einer Klasse seid. Sich nur oberflächlich zu kennen bedeutet auch weniger Verständnis. Das bringt oft Misstrauen hervor. Was glaubt ihr denn: Was müsste gegeben sein, dass ihr vertrauen könnt?«

Julia streckte ihren Finger in die Luft und wurde von Frau Lenden aufgerufen. Sie meinte: »Wenn wir uns sicher fühlen?«

»Das stimmt absolut!«, pflichtete Frau Lenden ihr bei. »Und wie entsteht Sicherheit?«

»Wenn ich so sein darf, wie ich bin?«, vermutete Julia.

»Was glaubst du denn, wer entscheidet, wie du zu sein hast?«

Julia dachte nach.

»Hm, also wenn ich zu Hause motzig bin, dann darf ich so nicht sein, sonst wird Mama böse. Also entscheidet sie das in dem Moment.«

»Ja, Julia, so ist das oft. Die Menschen glauben, sich anpassen zu müssen, um geliebt zu werden. Dabei ist es sicherlich okay, wenn du auch mal motzig bist. Wie deine Mutter damit umgeht, ist dann ihre Sache. Die Frage, die du dir stellen darfst: Welchen Sinn hat es, motzig zu sein? Hat es Vorteile?«

»Das weiß ich jetzt so spontan auch nicht.«

»Musst du auch nicht. Lass die Frage wirken. Wenn du eine Antwort hast, darfst du uns gern daran teilhaben lassen.

Ich möchte jetzt nochmals zurückgehen zu Julias Aussage mit der Sicherheit. Was würde euch in diesem Kreis Sicherheit geben? Also hier in der Klasse.«

Keiner meldete sich.

Stille.

Frau Lenden war bekannt dafür, solche Situationen auszuhalten. Sie wusste, dass nicht jede Frage sofort eine Antwort findet. Nach zwei Minuten meldete sich Natascha.

»Also, ich kann nur für mich sprechen. Obwohl ich eine bin, die den Mund aufmacht, wenn etwas nicht passt, und größtenteils mein Ding mache, fände ich es toll, wenn wir uns gleichwertig sehen könnten. Wenn ich wüsste, dass niemand glaubt, mehr oder weniger wert zu sein, würde ich mich persönlich vielleicht noch mehr in die Klassengemeinschaft einbringen. Aber hier gibt es ja ein paar Überflieger, die glauben, dass sie Gott sind. Da macht das wenig Spaß.«

»Danke, Natascha, für deinen Mut, diese Worte so ehrlich auszusprechen. Daran würde ich gern anknüpfen. Gleichwertigkeit kann erst entstehen, wenn wir selbst zufrieden sind, weil wir uns dann nicht ständig vergleichen. Wenn wir wissen, dass jeder andere Stärken hat, können wir uns mit den eigenen Schwächen akzeptieren und den anderen im Anderssein annehmen.

Nun möchte ich gern etwas machen. Es klingt vielleicht banal, aber ich bin mir sicher, dass daraus etwas entsteht. Lasst euch einfach darauf ein. Natascha, darf ich dich mit deinem Stuhl in die Mitte bitten?«

»Ja, klar.«

»Prima, ich setze mich jetzt gegenüber von dir hin. Und das, was ich nun mit jedem von euch mache: Wir schauen uns fünf Minuten in die Augen. Ohne Worte. Alle anderen sitzen still um uns herum und lassen diese Begegnungen wirken. Mehr möchte ich gar nicht dazu sagen. Wer von euch hat eine Uhr?«

»Ich«, rief Björn in die Runde.

»Gut, Björn, dann bitte ich dich nun, immer fünf Minuten auf die Uhr zu schauen und dann sagst du leise ›Wechsel‹. Okay?«

Björn nickte.

Frau Lenden fuhr fort: »Den Stuhl von Natascha lassen wir dabei einfach in der Mitte stehen, sodass reihum einfach nur gewechselt zu werden braucht. Ich bitte euch, still zu sein, auch wenn es nicht ganz leicht ist. Wir werden bei der Hälfte, also nach acht Schülern, eine Pause machen.«

Die Schüler konnten sich nicht vorstellen, was jetzt passieren sollte. Die meisten waren skeptisch und guckten sich fragend an, aber die Neugier war größer. Sie waren still, während sich Frau Lenden und Natascha in die Augen schauten.

Es passierte nicht viel. Zumindest sah es von außen so aus. Sie guckten sich nur an. Mal lächelten sie, dann schauten sie wieder ernst. Und dann sagte Björn: »Wechsel.«

Natascha stand gemeinsam mit Frau Lenden auf und intuitiv umarmten sie sich. So innig, wie man es eigentlich von Schüler und Lehrer nicht gewohnt ist. Die Schüler im Kreis guckten sich irritiert an, verstanden nicht, was gerade passiert war, aber sie spürten, dass da etwas geschehen war. Nach dieser Umarmung kamen die nächsten Schüler dran, bei denen es ähnlich verlief.

Irgendwann war Melinda an der Reihe. Sie war vom Verhalten her eher unauffällig. Sie hatte schlimme Akne.

Deshalb wurde sie manchmal Pickelgesicht genannt. Sie lachte dann mit den Schülern darüber, aber eigentlich fand sie es nicht witzig. Ja, die Jungs stocherten damit in einer Wunde und verletzten sie. Aber das wollte sie nicht zugeben.

Melinda setzte sich gegenüber von Frau Lenden auf den Stuhl. Sie schauten sich in die Augen. Alles war still. Nach ungefähr drei Minuten konnte Melinda nicht mehr anders. Ihr liefen Tränen über die Wangen. Sie ließ sie einfach laufen, musste sogar laut schniefen dabei.

Die Lehrerin ließ sie weinen. Sie spürte deutlich, wie wichtig das jetzt war. Als Melinda sich etwas beruhigt hatte, beugte Frau Lenden sich vor und legte vorsichtig ihre Hände auf die Oberschenkel von Melinda. »Hast du den Mut, uns zu sagen, was dich so bewegt?«

Melinda atmete tief durch und sagte mit weinerlicher Stimme: »Ich bin mit drei Monaten zur Adoption freigegeben worden. Ich bin in Heimen und Pflegefamilien groß geworden. Nie durfte ich irgendwo lange bleiben. Immer fühlte ich mich verstoßen. Auch in meiner jetzigen Familie sind die anderen Kinder mehr wert als ich. Das bekomme ich häufig zu spüren. Und eben, als Sie mir so lange in die Augen schauten, hatte ich das erste Mal in meinem Leben das Gefühl, dass mich wirklich jemand sieht.«

Melinda senkte daraufhin ihren Kopf und musste erneut weinen. Die fünf Minuten waren lange rum, aber Björn wusste, dass jetzt nicht der Zeitpunkt für einen Wechsel war.

Und plötzlich passierte etwas, womit niemand gerechnet hatte. Felix stand auf. Er war gern der Anführer, wenn es darum ging, anderen zu schaden, und gehörte zu den Schülern, die eher unangenehm auffielen. Ihm standen Tränen in den Augen. Er ging auf Melinda zu, kniete sich vor sie hin und sagte: »Melinda, mich hat das gerade tief berührt. Ich möchte mich bedanken, dass du dich so offen zeigen konntest. Ich wusste nicht, was du in deiner Vergangenheit erlebt hast. Niemals mehr werde ich boshafte Sachen zu dir sagen. Ich möchte dich hiermit um Verzeihung bitten.«

Felix öffnete daraufhin seine Arme und Melinda konnte gar nicht anders, als die Umarmung zu erwidern. Was für ein besonderer Moment, den in dieser Klasse wohl niemand vergessen würde.

Die Schüler brauchten ein paar Tage, bis sie verarbeiten konnten, was an diesem Tag geschehen war. Aber es machte etwas mit ihnen.

Diese zwei Stunden führten dazu, dass die Schüler in den kommenden zwei Jahren füreinander einstanden. Sie hatten kapiert, dass die Klasse nur so stark ist wie das schwächste Glied. Der Zusammenhalt ab diesem Tag war ein ganz anderer. Melinda wurde integriert und lebte richtig auf. Endlich fühlte sie sich angenommen.

Frau Lenden schaffte mit dieser Übung ohne Worte etwas, was anderen mit vielen Worten nicht möglich ist: wahrhaftige Begegnung. Und wer die einmal erlebt hat, wird immer wieder daran interessiert sein, den Menschen in der Tiefe zu begegnen.

Mach dein Leben bunt

Kerstin war am Ende ihrer Kräfte. Sie war kurz davor, in die Depression zu rutschen. Vielleicht war sie auch schon mitten im Burn-out. Es schien so, als wenn alles, was sie in ihrem Leben anpackte, von Misserfolg gekrönt wäre. Ihre letzte Selbstständigkeit hatte sie zwar überlebt, aber auf ihrem Konto waren rote Zahlen, roter gingen sie nicht mehr. Mit Männern hatte sie bislang nur schlechte Erfahrungen gemacht, und auch in Freundschaften gab es bittere Enttäuschungen. Aber sie war eine Kämpferin. Sie wollte lieber leben als sterben, obwohl sterben fast der einfachere Weg schien.

Sie schrieb sich ihren Kummer von der Seele und schickte den Text als E-Mail an eine NLP-Trainerin. Diese antwortete so, dass Kerstin sich gleich gut aufgehoben wusste. Kurz entschlossen meldete sie sich für einen NLP-Einsteigerkurs an. Kerstin wollte gar nicht weiter denken, sondern nur zu diesem einen Termin gehen, um zu schauen, ob das etwas für sie sein könnte. Und sie wusste, dass etwas mit ihr passieren würde. Sie war bereit, einen neuen Weg einzuschlagen. Sie hatte zwar noch keinen blassen Schimmer, welchen, aber den bisherigen Trampelpfad wollte sie verlassen.

Der Termin rückte immer näher. Kerstin hatte Veränderungen bisher immer gescheut. Ihre Angst wuchs, was so alles »hochkommen« könnte. Aber sie litt inzwischen mehr, als dass sie sich an ihrem Leben erfreute. Der Mut, etwas ändern zu wollen, war dieses Mal größer als die Furcht vor dem, was kommen könnte.

In der Eröffnungsrunde des Kurses, alle Teilnehmer saßen im Kreis, erklärte die Leiterin des Institutes zuerst organisatorische Sachen, aber Kerstin war ganz woanders. Nämlich bei ihren hilflosen Gefühlen, die sie gerade übermannten. Sie spürte schon, dass gleich der erste Heulanfall kommen würde; in der Gruppe, vor all den fremden Menschen! Sie entschied sich kurzerhand hinauszugehen, weil sich die Tränen nicht mehr zurückhalten ließen. Doch ehe sie durch die Tür gehen konnte, brach das erste laute Schluchzen aus ihr heraus. Nun wussten die Teilnehmer: Kerstin heult! Nur wieso?

Sie kam sich so blöd vor! Immer schon fand sie es schrecklich, dass sie so sensibel und emotionsgeladen war. Sie verurteilte sich dafür.

Nach kurzer Zeit hatte sie sich wieder beruhigt und ging in den Raum zurück. Die Teilnehmer waren dabei, sich vorzustellen. Es dauerte nicht lange und Kerstin war an der Reihe. Sie erzählte irgendwas von ihrer beruflichen Situation und wieso sie diesen Kurs besuchte. Und schon folgte der nächste Heulflash. Einige Teilnehmer konnten damit gar nichts anfangen, aber Kerstin war nicht in der Lage, den Tränenstrom einzudämmen. Was raus musste, musste raus. Und sie hoffte einfach nur noch, dass sie hier mit ihren hilflosen Gefühlen gut aufgehoben war.

Im Laufe des Einsteigerkurses, der über ein verlängertes Wochenende ging, bekam Kerstin eine Ahnung davon, was alles in ihr schlummerte, denn mit den wertschätzenden und achtsamen Teilnehmern durfte sie peu à peu die Kerstin rauslassen, die in ihr steckte.

Sie war danach guten Mutes, aber kaum fing der Alltagstrott sie ein, kamen auch die alten Verhaltensmuster wieder. Irgendetwas verleitete sie immer wieder dazu, dass sie ihren Kern, ihre Talente, ihre Fähigkeiten versteckte. In Kerstin wuchs die Erkenntnis, dass ihr Kern mit Müll zugeschüttet worden war.

Sie entschied sich, weiterzumachen und nach dem Einsteigerkurs nicht nur die Practitioner-Ausbildung, sondern auch den Master zu machen und letztendlich sogar NLP-Coach zu werden. Über drei Jahre absolvierte sie Kurse, die der Selbstentfaltung dienten. Das war sicherlich nicht immer schön, aber im Nachhinein befreiend. Sie fuhr mit einem Felsbrocken hin, der sich nicht zu bewegen schien, und erfuhr dann, wie es ist, Stein für Stein abzutragen.

Es gab einige lebenswichtige Dinge, die sie für sich in diesen Kursen nicht nur lernen, sondern durch die vielen Übungen, in die meist auch der Körper einbezogen wurde, verinnerlichen konnte:

- Wenn wir neue Fragen stellen, bekommen wir neue Antworten.
- Im eigenen System sind wir betriebsblind. Sich Hilfe zu holen ist eine Stärke.
- Nicht das Weghaben-Wollen der eigenen Schwächen ist die Aufgabe, sondern das Annehmen.
- Wenn wir jammern, befinden wir uns in der Opferrolle. Als Opfer können wir nicht handeln. Und ohne Handlung kein Leben.
- Hilflose Gefühle, die uns beherrschen, sind Bestandteil unserer Vergangenheit und gehören nicht zur Gegen-

wart. Das innere verletzte Kind hat sich noch nicht ausgesöhnt und schreit.
- Wenn der Körper krank wird, ist das eine Botschaft der Seele.

Kerstin kannte nach diesen drei Ausbildungsjahren ihre Schwächen, sie kannte ihr Stärken. Sie wusste, welche Talente in ihr steckten. Aber sie zu kennen oder sie zu leben ist ein himmelweiter Unterschied. Und genau das gelang ihr noch nicht so richtig. Trotzdem hatte sich bereits viel verändert. Innerlich und auch im Außen.

Kerstin wollte weiterhin an sich arbeiten und sich weiterentwickeln. Mithilfe eines fähigen Therapeuten, den sie durch ihre Schwester kennenlernte, schaffte sie es in kurzer Zeit, die Abhängigkeiten aufzudecken, die sie noch lebte. Verdrängte Gefühle wie Wut, Ärger und Aggressionen kamen ans Tageslicht und wollten gelebt und somit befreit werden. Sie erkannte Muster, die sie lange Zeit am Strahlen gehindert hatten, und durchbrach sie. Sie nahm ihr Leben in die eigenen Hände.

Es war nun genug gejammert, gebettelt, gewünscht und gemault worden. Zeit zum Handeln!

Kerstin übernahm Selbstverantwortung, wo sie früher in der Opferrolle verharrt hatte. Und das merkten auch die Menschen in ihrem Umfeld. Manche Beziehungen veränderten sich, manche Freundschaften gingen auseinander, während sich andere vertieften.

Irgendwann stellte sie sich nur noch eine Frage: Wie kann ich meine Fähigkeiten, Stärken und Talente mehr nach außen bringen? Und da waren sie. Die drei Dinge, die ihr von

Gott gegeben worden waren: Kreativität, Inspiration und Humor. Präsenter als je zuvor.

Sie fing an zu fotografieren. Einfach so, ohne Plan. Weil sie wusste, dass sie dann in ihrer Kraft stand. Und genau das war ihr Ziel: ihre Kraft leben. Sie ging ab und zu in die Kirche, machte oben auf dem Chor das Licht an und sang Lieder, die ihre Seele berührten. Nur für sich. Die Freude wuchs. Sie vertraute sich selbst mehr und mehr. Sie traf berufliche Entscheidungen, denn ihr Ziel war klar: Sie wollte von ihren Talenten leben können. Und somit permanent in ihrer Kraft stehen. Und genau das tat sie. Schritt für Schritt. Ihr war erst einmal egal, ob sie damit Erfolg hatte und genug Geld verdiente. Denn sie vertraute darauf: Das eine zieht das andere an. Sie schaute das erste Mal im Leben am allermeisten auf sich selbst. Sie lernte zwischen den äußeren Stimmen, die sie irgendwann mal zu ihren gemacht hatte, und ihrer eigenen Herzensstimme zu unterscheiden. Und der folgte sie nun.

Kerstin hatte konsequent Verhaltensmuster durchbrochen, die sie einst ins Leid geführt hatten. Sie war lange Zeit eine Marionette gewesen, deren Fäden andere Menschen in den Händen gehalten hatten. Diese Fäden hatte sie jetzt durchgeschnitten. Kerstin stand nun auf eigenen Füßen. Sie hatte sich für die Sonnenseite des Lebens entschieden.

Und dann war es so weit. Sie machte etwas zu ihrer Stärke, was einst ihre vermeintliche Schwäche war. Sie tat es ganz ohne die Hilflosigkeit von früher. Kerstin erlaubte sich nun, ihre Gefühle zu leben. Sie wurde nicht mehr von ihnen übermannt oder beherrscht. Sie übernahm die Verantwortung für sie, und ihre Gefühle wurden ihre Freunde. Was sie erlebt hatte und die daraus gewonnenen Erfahrungen schrieb sie sich in Form von Geschichten von der Seele. Die Texte kamen direkt aus ihrem Herzen. Sie packte sie in ein Buch und veröffentlichte es im Eigenverlag.

Wow, ihr erstes Buch! Es folgten aufregende Momente. Sie war so stolz, dass sie endlich etwas ganz ohne fremde Hilfe auf die Beine gestellt hatte. Als sie das Paket mit den ersten Büchern von der Post abholte, konnte sie nicht länger warten und öffnete es bereits im Auto. In diesem Moment brachen alle Dämme. Die Tränenschleusen waren geöffnet. Sie konnte sich kaum beruhigen. Es war so toll, ein so unglaubliches Gefühl! Sie war überglücklich. Dabei war das Buch noch kein einziges Mal verkauft worden.

Als Kerstin von einer Leserin gefragt wurde: »Wie schaffst du es nur, immer so fröhlich zu sein?«, schrieb sie sich ein paar Zeilen von der Seele, die an diesem Tag dringend rausmussten:

Du willst wissen, wieso ich meist fröhlich bin?

Weil ich weiß, wie es ist, traurig zu sein. Ich kenne die Durststrecken und weiß, wie es sich in den Tälern anfühlt.

Du willst wissen, wieso ich vertrauen kann?

Weil ich das Gefühl kenne, alles kontrollieren zu wollen. Ich weiß, wie es ist, seinen eigenen Gefühlen gegenüber misstrauisch zu sein, und wie schlimm es, alles infrage zu stellen.

Du willst wissen, wieso ich Frieden spüre?

Weil ich viele Kriege geführt habe. Ich habe so lange gegen mich und andere gekämpft, bis ich keinen anderen Weg mehr sah als aufzugeben.

Du willst wissen, wieso ich für mich einstehe?

Weil ich in Abhängigkeiten lebte und genau weiß, wie es sich anfühlt, völlig hilflos zu sein, wenn andere Macht über mich hatten. Und wie es ist, sich aus lauter Angst nicht zu trauen, das zu sagen, was man eigentlich sagen will.

Du willst wissen, wieso ich dankbar bin?

Weil es Zeiten gab, in denen ich immer mehr wollte. Mehr Geld, mehr Erfolg, mehr von allem. Und auf diesem Weg brach alles weg. Ich stand mit nichts da, und heute weiß ich, dass dieses »Nichts« viel mehr war, als mir zu dem Zeitpunkt bewusst war.

Du willst wissen, wieso ich mutig bin?

Weil ich viele Ängste, die ich in meinem Leben hatte, durchlebt habe. Ich weiß, was es bedeutet, da durchzugehen, und wie es sich hinterher anfühlt. Und ich weiß, dass sich der Mut jedes Mal gelohnt hat. Denn aus jeder Angst, die ich überwunden hatte, entwickelte sich mehr und mehr Vertrauen.

Du willst wissen, wieso ich stark sein kann?

Weil ich mit meinem Muster als Sorgenkind viel Schwäche gezeigt habe. Der Aufmerksamkeit wegen. Ich weiß, wie es ist, als schwach dazustehen. Ich weiß, wie es ist, sich Hilfe zu holen, weil man das Gefühl hat, allein nicht klarzukommen.

Du willst wissen, wieso ich lebe?

Weil ich oft genug daran dachte, zu sterben. Ich wollte nicht mehr auf dieser Erde sein, weil ich mir selbst nicht genügte. Meinen Spiegel wollte ich am liebsten zertrümmern, und dem Tod war ich manchmal näher als dem Leben.

Du willst wissen, wieso ich lieben kann?

Weil ich mich selbst nicht liebenswert fand. Weil ich dachte, alle anderen erfahren mehr Liebe als ich. Doch inzwischen weiß ich, dass es die Liebe ist, die mich immer begleitete. Sie schenkt mir heute die Kraft, aufzustehen, wenn ich am Boden liege. Die Liebe führt mich, wenn ich nicht weiterweiß. Und die Liebe baut Brücken, wo vorher keine möglich schienen.

Auch zu dir ...

Während Kerstin diese Zeilen schrieb, liefen ihr die Tränen über die Wangen. Sie war dankbar für alle Erfahrungen, die sie machen durfte, denn nur so war sie dorthin gekommen, wo sie heute war. Sie spürte immer mehr, was es bedeutet, aus dem Herzen zu leben. Sie vertraute immer öfter ihrer inneren Stimme. Manchmal kamen noch so kleine fremde Männchen in ihr Ohr, die sagten: »Das tut man aber nicht!« oder »Hast du dir das auch gut überlegt?« Dann war sie wieder kurz verunsichert, dachte aber sofort an die Worte von Marianne Williamson: »Jeder Mensch ist dazu bestimmt, zu leuchten! Unsere tiefgreifendste Angst ist nicht, dass wir ungenügend sind, unsere tiefgreifendste Angst ist, über das Messbare hinaus kraftvoll zu sein. Es ist unser Licht, nicht unsere Dunkelheit, die uns am meisten Angst macht. Wir fragen uns, wer ich bin, mich brillant, großartig, talentiert, fantastisch zu nennen? Aber wer bist du, dich nicht so zu nennen? Du bist ein Kind Gottes. Dich selbst klein zu halten, dient nicht der Welt. Es ist nichts Erleuchtetes daran, sich so klein zu machen, dass andere um dich herum sich nicht unsicher fühlen. Wir sind alle bestimmt, zu leuchten, wie es die Kinder tun. Wir sind geboren worden, um den Glanz Gottes, der in uns ist, zu manifestieren. Er ist nicht nur in einigen von uns, er ist in jedem Einzelnen. Und wenn wir unser Licht erscheinen lassen, geben wir anderen Menschen die Erlaubnis, dasselbe zu tun. Wenn wir von unserer eigenen Angst befreit sind, befreit unsere Gegenwart automatisch andere.«

Kerstin glaubt auch daran, dass jeder Mensch dazu bestimmt ist, zu leuchten. Manche Menschen kennen sich nur im Leid besser aus als in der Freude. Deshalb halten sie an Altem fest und können nicht an sich selbst glauben. Das kannte sie von sich auch gut.

Kerstin guckte sich fast alle Gesangs-Castingshows an. Und jedes Mal heulte sie wie ein Schlosshund. Sie konnte selbst nicht erklären, warum. Als Kind hatte sie immer gesagt »Ich will Sängerin werden!«, aber dieser Traum wurde ihr von einer Gesangslehrerin nach dreißig Minuten Probesingen genommen, als sie neunzehn war. Oder anders: Sie hatte ihn sich nehmen lassen. Der berühmte Thron, den Kerstin gerne anderen überließ. Es kamen da tatsächlich die Sätze: »Als der liebe Gott die Sängerinnen-Stimmen verteilt hat, haben Sie aber nicht ›Ich! Ich!‹ gerufen. Hätten Sie nicht Lust, ein Instrument zu lernen?«

Das hatte gesessen. Die Worte hatten sich so sehr in Kerstins Hirn eingenistet, dass sie von dem Tag an kaum mehr den Mund aufmachte, es sei denn, sie war für sich allein. Denn sie liebte das Singen. Auch wenn sie es offenbar nicht konnte.

Nach einem Jahr Autorendasein entschied sie sich, ihr Schneckenhaus zu verlassen, in dem sie sich bislang so wunderbar versteckt hatte. Sie plante, Lesungen durchzuführen. Gleichzeitig traf sie noch eine Entscheidung: Sie wollte am Ende der ersten Lesung singen. Es war wie ein innerer Antrieb, dem sie folgen musste.

Als der Tag der Lesung gekommen war, war sie aufgeregt. Aber nicht nur wegen der Lesung, sondern viel mehr wegen des Singens am Schluss. Sie hatte sich das Lied von Wind »Lass die Sonne in dein Herz« als Karaoke-Version runtergeladen und ein paar Mal zu Hause geübt. Die Lesung verlief prima. Kerstin erzählte von sich, zwischendrin las sie, und es entstand eine vertraute, nachdenkliche Stimmung. Es lief alles wie von selbst. Und dann kam der Schluss. Sie las die Geschichte »Die Stimme deines Herzens« vor, in der es um eine junge Frau geht, die mit neununddreißig den Durchbruch mit einer Single-CD schafft und von ihrem Werdegang berichtet. Als Kerstin fertig war mit dem Vorlesen, sagte sie in die Runde: »Ein paar Geschichten, die ich geschrieben habe, sind wahr. Diese hier ist eine davon. Es ist meine eigene, nur dass ich keine CD in den Charts habe. Und ich werde nun etwas tun, wovor ich lange Zeit Angst hatte. Ich werde die Lesung mit einem Lied beenden. Dabei ist es für mich überhaupt nicht wichtig, dass es toll klingt. Für mich ist einzig und allein wichtig, dass ich es tue.«

Dann bat sie die Zuhörer, aufzustehen, da das Lied zum Mitklatschen animierte. Sie machte die Musik an. Klar und deutlich kamen auf einmal die Worte aus ihrem Mund. So selbstsicher, wie sie es sich zuvor nicht vorstellen hätte können.

Unglaublich. Anscheinend muss man manchmal Dinge tun, vor denen man lange Zeit Angst hatte, um festzustellen, wie sehr man sich entwickelt hat.

Auch Kerstin schaute manchmal noch mit alten Augen auf sich, mit diesen »Augen der Kleinheit«, obwohl sie mit aller Kraft ihres Herzens strahlen konnte, wenn sie sich traute, ihre Fähigkeiten zu zeigen.

Die Tränen, die sonst immer liefen, wenn sie sich Gesangs-Casting-Shows anschaute, hatten ab diesem Tag ein Ende. Sie hatte eine Sehnsucht gestillt und war mit viel Mut ihrer Herzensstimme gefolgt.

Nach und nach wuchs ihre Leserschaft. Irgendwann war der Zeitpunkt gekommen, wo sie vom Schreiben leben konnte. Sie beendete die Tätigkeit in der Werbeagentur, in der sie sieben Jahre für die Telefonakquise zuständig gewesen war. Kerstin hatte eine gefühlte Ewigkeit darauf hingearbeitet, von ihren Begabungen leben zu können. Dieses Ziel war nun endlich erreicht.

Was sie jedoch völlig vergessen hatte, obwohl es ihr bewusst gewesen war: dass die Zielerreichung selbst gar nicht das Wichtigste im Leben ist. Viel wichtiger war es, rückblickend betrachtet, sich auf dem Weg zu den eigenen Zielen entwickeln zu können und sich den Herausforderungen zu stellen, die sich ergaben.

Sie hatte dem Erlangen ihres Ziels so eine große Bedeutung gegeben, dass sie eine Art Urknall erwartete. Wie ein Beamen ins Schlaraffenland.

Doch was geschah?

Nichts. Kein Knall.

Keine Kirschen im Mund.

Stattdessen hatte sie viel mehr Zeit als vorher, keine ver-
pflichtenden Aufgaben, die Routine war fort, der Tages-
rhythmus hinüber, keine Gespräche mit Kunden oder Arbeitskollegen mehr. Sie wurstelte für sich allein rum.

Und was passierte?

Sie wurde unzufrieden und lustlos.

Statt die Zeit zu nutzen, wurde sie träge. Dieses Verhalten
kannte sie als Macherin gar nicht. Ja, sie hatte keinen Antrieb mehr. Sie schrieb zwar als Autorin hier und da noch
etwas, aber viel weniger als vorher. Dabei hatte sie nun viel
mehr Zeit. Hatte sich die Kreativität verabschiedet? Was
Kerstin plötzlich wieder besonders gut beherrschte: Sie
suhlte sich im Selbstmitleid.

Ständig hatte sie das Gefühl, nichts zu tun. Sie tat ja auch
nichts. Zumindest nichts, was sie unter Tun verbuchen würde.

Hallo, Selbstverurteilung!

Sie konnte und wollte die Situation, in der sie sich gerade
befand, nicht annehmen. Nicht wirklich. Dabei wusste sie
ganz genau, wie wichtig dieser Schritt war, um sich aus der
Stagnation zu befreien. Sie hätte Ja zum Widerstand sagen
müssen, um der Dunkelheit ins Auge schauen zu können.

Aber im eigenen System war sie manchmal blind. Außerdem kannte sie sich im Leid immer noch prima aus. Da brauchte sie keine Selbstverantwortung zu übernehmen. Und so strudelte sie immer weiter in eine Sinnkrise. Dabei war sie fest davon überzeugt gewesen, dass ihr so etwas nie mehr passieren könnte. Weit gefehlt. Das Leben macht manchmal die Pläne ohne uns.

Irgendwann wurde ihr bewusst: Ihr blieb nichts anderes übrig, als sich dem zu stellen, was im Verborgenen lag. Ansonsten würde sie keinen Weg da herausfinden.

Was tat sie also? Sie lebte das, was da war. Auch wenn es sich ätzend anfühlte. Es zeigte sich Existenzangst, mit der sie in ihrer Pleite bereits Bekanntschaft geschlossen hatte. Ja, halleluja – das Thema war doch eigentlich erledigt. Okay, wohl doch nicht. Also sagte sie sich: »Alles darf jetzt sein.«

Sie weinte viel, nutzte einen Coach und versuchte sich mit allem, was hochkam, anzunehmen. Es war eine Herausforderung, sich in solchen Zeiten liebevoll zu begegnen. Es gelang ihr nicht immer.

Nach einer längeren Zeit des Fühlens klopfte sie entschlossen auf den Tisch. Schluss jetzt mit dem Selbstmitleid. Schluss mit den Tränen. Sie integrierte sich in Webinare und Online-Kongresse, besuchte Kurse und Coachings, um aus diesem Gedankensumpf wieder herauszukommen.

Was dann passierte?

Sie erkannte wieder ihre Stärken und wurde sich ihrer Mission erneut bewusst. Doch je mehr sie daran arbeitete, sich in ihrem Strahlen zu zeigen, desto heftiger liefen die Sabotagemuster im Hintergrund.

Hallo, alte Glaubenssätze!

Es dauerte ewig, bis sie wieder Zugang zu ihrer Kraft hatte. So kam es ihr in ihrer Negativität zumindest vor. Dabei schob sie auch gern innere Filme ein, die gar nicht real waren. Dass ihre Situation auch viel Positives mit sich brachte, sah sie nicht immer. Sie wollte es dann aber auch nicht sehen.

Irgendwann war für sie nach dieser Zeit des inneren Durcheinanders, Sortierens und Wiederfindens klar: Du kannst es drehen und wenden, wie du willst. Der Sinn des Lebens ist leben. Und wenn du nicht leben willst, was sich zeigt, dann leidest du.

Wenn du so sehr mit dem Nein zum Leben beschäftigt bist, wie soll das Ja eine Chance haben?

»Nimm mich bitte im Moment einfach, wie ich bin, ich kriege es selbst nicht hin«, hatte sie irgendwann in ihrer Hilflosigkeit zu einer Freundin gesagt. Es tut gut, wenn wir vertrauten Menschen ehrlich und offen sagen, wie es in uns aussieht. Obwohl wir gern einen Schein wahren würden und lieber jemand anderer wären.

Zu diesem Zeitpunkt las Kerstin zufällig die folgenden tröstenden Zeilen, die direkt in ihrer Seele ankamen: »Beim Heilwerden geht es darum, unsere Herzen zu öffnen, nicht, sie zu verschließen. Es geht darum, die Stellen in uns, die die Liebe nicht einlassen wollen, weich zu machen. Heilung ist ein Prozess. Beim Heilwerden schaukeln wir hin und her. Zwischen den Misshandlungen der Vergangenheit und der Fülle der Gegenwart, wo wir immer öfter bleiben. Es ist das Schaukeln, das die Heilung bewirkt, nicht das Stehenbleiben an einer der beiden Stellen. Der Sinn des Heilwerdens ist nicht, für immer glücklich zu werden. Das ist vielleicht nicht möglich. Der Sinn der Heilung ist, wach zu sein. Sein Leben zu leben und nicht bei lebendigem Leibe zu sterben. Heilung hängt damit zusammen, gleichzeitig ganz und zerbrochen zu sein.«

Ja, jeder hat seine Geschichte, und wir tun gut daran, unseren schwachen Seiten und dunklen Momenten mitfühlend zu begegnen. Durch Sanftmut werden wir weicher. Nicht nur uns selbst, sondern auch unseren Mitmenschen gegenüber.

Kerstin überlegte, ob sie ihr Erleben so unverblümt und ehrlich ihren Lesern erzählen kann. Aber sie kennt ihre Stärke: Authentizität. Deshalb war es ihr sogar ein Bedürfnis.

Es gibt einen Weg, mit seinen verkorksten Verhaltensweisen Frieden zu schließen: dazu stehen. Wenn also jemand fragt, wie er sein Leben leicht und glücklich leben kann, dann antwortet Kerstin gern: »Lass dich auf möglichst viele Farben ein, genieße die hellen Töne und durchlebe die dunklen. Begegne den neuen Farben aufgeschlossen und schenke dir die Geduld, sie nach und nach kennenzulernen. Kurz gesagt: Mach dein Leben bunt!«

Dankesworte

Wenn ich auf die letzten Jahre zurückblicke, dann gibt es einige Menschen, denen ich danken möchte.

Danke, Ingrid Blessing, die mich in den drei Jahren meiner NLP-Ausbildung als hervorragende Trainerin begleitet hat. Danke für deine Geduld, Wertschätzung und Achtsamkeit. Auch heute denke ich noch oft an Worte von dir.

Danke, Doris und Aloisius Pongratz, die mich auch heute noch begleiten, wenn ich ein Tal durchschreite. Danke für den Mut, den ihr habt, mir immer wieder den Spiegel vorzuhalten.

Danke an meine Freunde Meike, Pia, Steffi, Andreas und Claudia. Danke, dass ihr manchmal mehr an mich geglaubt habt als ich selbst. Danke fürs Auffangen in schweren Stunden, für die tief gehenden Gespräche und dafür, dass wir so viel gemeinsam lachen können. Ich schätze euch sehr. Ihr seid großartig.

Danke auch denen, die mich zur Weißglut brachten, mir meine Schattenseiten spiegelten und somit gute Lehrmeister waren. Durch euch durfte ich wachsen und mich entfalten, auch wenn ich das nicht immer sofort gern tat.

Danke an meine Familie. Es ist schön zu wissen, dass es Menschen gibt, auf die ich mich verlassen kann. Wir haben voneinander und miteinander gelernt. Egal wie tief die Prozesse gingen und welche Abhängigkeiten sichtbar wurden, letztens Endes bleibt eins: die Liebe – ein Band, das Brücken baut.

Zuletzt sage ich Danke an alle Leser, die dieses Buch oder auch andere Bücher von mir gelesen haben. Euer Feedback hat mich stets motiviert, oft berührt und meist ging es ohne Umschweife mitten in mein Herz. Danke, dass ihr mit dem, was ich tue, in Resonanz geht. Das ist ein großes Geschenk.

Gern dürft ihr mich auf meiner Homepage besuchen: www.kerstin-werner.de

Kerstin Werner

Wach auf – dein Leben wartet

Hast du manchmal das Gefühl, dass du das Leben
anderer mehr lebst als dein eigenes?
Ist deine Angst, etwas zu verändern, noch größer als der
Mut, den du bräuchtest, um Entscheidungen zu treffen?
Dieses Buch ist ein Augen- und Herzöffner. Es ermuntert
dich auf eine liebevoll provokante Art, dem Ruf deiner
inneren Stimme zu folgen und zu dir zu stehen.
Ein wundervolles Geschenk für Menschen,
die man liebt

Kerstin Werner

Hab Mut zur Lebensfreude

Sind deine inneren Kämpfe eine Last?
Willst du ein freudvolleres Leben führen?
Es wird Zeit, dass die Masken fallen, Gefühle sein dürfen
und wir uns annehmen, wie wir sind. Dann hören wir auf,
etwas vorzutäuschen, und beginnen, unser SEIN in aller
Pracht zu entfalten. Dieses Buch ist entwaffnend ehrlich.
Die Autorin Kerstin Werner erzählt von ihren persönli-
chen Schlüsselerlebnissen und was ihr dabei geholfen
hat, heute ein bewussteres, kraftvolleres Leben zu führen.
Eine Botschaft gelangt dabei ohne Umschweife mitten ins
Herz: Du darfst so sein, wie du bist.

Kerstin Werner

So ist das also!
Die Herzenssprache verstehen

Zweifelst du an dir und glaubst, nicht gut genug zu sein?
Fühlst du dich manchmal so,
als wäre dein Leben fremdbestimmt?
Dieses Buch ermutigt dich, neue Wege zu gehen und
festgefahrene Probleme in einem anderen Licht zu sehen.
Es hilft dir, mit lebensnahen Beispielen, fernab der
grauen Theorie, zu verstehen. Dieser Ratgeber begleitet
dich liebevoll auf die Sonnenseite des Lebens.